玩月洞《ワノルドン》の女たち

韓国の性売買サバイバーとともに歩んだ女性連帯の記録

著――チョン・キョンスク
監修・解説――金富子　翻訳――中野宣子

現代人文社

釜山広域市地図
●は本書に登場する釜山の性売買集結地
機張郡《キジャングン》
金井区《クムジョング》
北区《ブック》
東莱区《トンネグ》
海雲台区《ヘウンデグ》
蓮堤区《ヨンジェグ》
沙上区《ササング》
釜山鎮区《プサンジング》
水営区《スヨング》
海雲台六〇九
江西区《カンソグ》
ポプラ町
東区《トング》
南区《ナムグ》
西区《ソグ》
中区《チュング》
沙下区《サハグ》
影島区《ヨンドグ》
草梁テキサス
玩月洞

日本語版に寄せて——つらい歴史を教訓にして連帯の道に進む場となることを

二〇二四年は、韓国で性売買防止法が施行されてから二〇年になります。二〇〇〇年代の初め、群山大明洞《クンサンテミョンドン》と釜山玩月洞《ワノルドン》にある性売買店で火の手が上がり、多くの女性が亡くなりました。火災現場には女性たちを監視する鉄格子と特別に作られたドアがあったことが、警察の捜査過程で明らかにされ、女性たちの日記には、借金を媒介にして女性たちを売り買いしていた抱主《ポジュ》[1]たちが全国的におこなっていた人身売買の連絡網が、余すところなく記されていました。店主は女性たちに借金を負わせて、この借金を盾に性売買を強要し、「使い道」がなくなると地元の業者を通して全国の性売買店に売り飛ばしていました。そして

1　性売買で女性を拘束して買春者に提供することで利益を得る人を指す歴史的呼称。植民地期に導入された日本式公娼制に由来する。シンパク・ジニョン著『性売買のブラックホール—韓国の現場から当事者女性とともに打ち破る』(金富子監訳、大畑正姫・萩原恵美訳、小野沢あかね・仁藤夢乃解説、ころから、二〇二二年)、二八頁参照。

移動するたびに借金を増やして女性たちを監禁し、暴行を加えて脅すという行為が常態化していたのです。性売買女性たちに烙印を押し、嫌悪、排除の対象にして他者化していた韓国社会では、性売買現場のありのままの姿を目の前に突き付けられ、性売買女性たちの人権を保護するための法を制定しなければならないとの世論が形成されました。その結果、二〇〇四年に性売買防止法が制定されたわけです。性売買防止法は、性売買を女性に対する暴力と位置づけ、性売買被害者の人権を保護し、性売買斡旋の負の連鎖、及び需要を絶つことを目的としたものです。

法が施行された当初、専門の担当部署として検察・警察は性売買捜査専門チームを新設し、性売買被害女性の人権を守り保護するための法という観点から、取り締まりや捜査の際に、被害者が処罰されることのないよう努力しました。しかし二〇〇七年に捜査チームが解体されてからは、性売買女性を被害者として保護する事例は徐々に減っていきました。性売買女性たちが被害者として警察に届け出ても、被疑者として扱われ捜査されることがたびたびおこなわれるようになりました。性売買女性たちは、自分たちが処罰される可能性が高くなったために、結局、店主と買春者の告訴をためらうようになってきています。

性売買被害者は重要な証人なのにもかかわらず、まったく保護されずにいるというのが、韓国の性売買防止法の現状なのです。これに対して韓国の女性団体は、二〇二二年三月に性売買処罰法改正連帯を結成、性売買女性処罰条項を削除（性売買女性の非犯罪化）することと、性売買の需要を断つために活動しています。

『玩月洞の女たち』という書名を見てすぐに、かっこいいと思いました。玩月洞という所の場所性や歴史性、そして他者性をそのまま表しているからです。日本の植民地時代にそこは当初、日本人男性が日本人女性を連れてきて性的搾取をすることによって作られました[2]。その後日本人女性だけでなく朝鮮人女性も増えていき、朝鮮を支配する統治手段として利用されました。

日本から解放されたのち、国連軍の慰安所、米軍と日本人を相手とする外貨稼ぎの手段、東洋最大の私娼街として女性の性を搾取してきた場所です。日本から解放されたのち、韓

2　緑町遊廓のこと。本書第二章および監修者解説参照。

国政府は玩月洞を女性の性的搾取の空間として、韓国男性の家父長制をより強固にする手段として利用しました。そこの住民として生きてきた女性たちは、「娼婦」と呼ばれて売られていくモノのように扱われ、そこはミソジニーと排除の空間として今も続いています。トンネ〔町内〕の歴史と同じくらいに男性にとって女性の性を買う場として広く知られたそこの話者は男性であり、女性たちは、男性たちの口を通して伝えられる他者化された生がすべてでした。もっぱら性を売る女、男性たちを誘惑し金を稼ぐためにみずから選んだ、堕落した女という汚名を着せられたまま。『玩月洞の女たち』には、きわめて平凡な女性たちが人身売買と性的搾取、経済的搾取と暴行、監禁によってにっちもさっちも行かないまま、そして店から脱出できないまま何年も生きるしかなかった女性たちの生、そして人権活動家とそこの女性たちとの友情と連帯の物語が描かれています。

玩月洞は昼と夜の光景がまったく違います。昼は静けさと沈黙、わびしさが漂っていますが、夜は別の光景に変わります。一階のミス部屋（女性が買春者に指名される前に待機する場所のことで、別名ガラス窓ともいう）は精肉店のように赤々とした光が灯され、バービー人形を思わせるウェディングドレスを着た女性たちが陳列されている店が列を成しています。呼び込み行為をする別名「ナカイイモ[3]」、店を管理する男性たち、トンネの隅々まで女性たちを監視する見えない視線、取り締まりにやって来た警官たち、性売買女性たちに力を貸すために活動家たちが一つになって、それぞれが自分たちなりの目的に向かって忙しく動く所です。

私の仲間である「サルリム」の活動家たちと性売買女性たちは、凍てつく路地と道路、冷たいアスファルト、そんな玩月洞の路地の上で行動を共にしました。人びとの支援によって手に入れた白菜で、活動家たちは夜を徹してキムチを漬け、一軒一軒店を訪ねて行って三百人もの女性たちにそれを配りました。買春者と性売買女性に偽装して店に入り込み、店主の性売買強要と脅し等の不法行為を直接集めました。勇敢にも警官の同行なしで店に入った活動家が、無鉄砲にもオンニを連れ出して、店の関係者から辱めを受けたこともありました。坡州《パジュ》ヨンジュゴルから済州島に属する島にいたるまで、オンニたちから

3 ナカイとは客引き役の女性、イモとはここでは年上の女性への呼び方。本書第一章参照。

助けを求められたらいつでも飛んでいき、この過程で活動家が店主に捕まって、あと一歩のところで売り飛ばされそうになったこともありました。店主たちにサルリムに乱入され、聞くに堪えない悪口雑言を浴びせられたり、包丁を振り回されたり、また貸金業者と日収業者《イルスオプチャ》[4]から執拗に脅されたりもしましたが、私たちは果敢に耐え抜きました。統合失調症を患っていたオンニのそばに、活動家が二四時間離れることなく付き添っていたため過労で倒れたり、不公平な公権力と真正面から闘ったりもしました。その時のことを考えると今でも胸が痛く、時には込み上がるものがあります。一方でそこは二度と戻りたくないトラウマの空間でもあります。

サルリムの活動家たちの汗と涙が沁み込んだそこは、今、変化の岐路に立たされています。二〇二三年七月、釜山市は、玩月洞一帯に四六階建て複合住宅六棟の建築を承認しました。抱主たちは、昔は不法な性売買によって財布座布団[5]に座り、今は開発によって財布座布団に座るようになりました。朝鮮半島で最も古い性売買集結地が閉鎖され、消滅す

4　「일수업자」。貸付金に利子を合わせた一定の金額を徴収する回収業者。みかじめ料をとる暴力団と考えられる。
5　金運を上げるために財布を入れておく座布団。

る日が目前に迫っているわけです。そこにいる性売買女性たちは、釜山市の「性売買集結地自活支援条例」に基づいて、一定期間住居費と生計費が支給される予定です[6]。

私が若かったころに生と情熱を注いだ場、そこが消え去る前に何ができるか考えてみました。そうするなかで、玩月洞を女性の人権の問題として考えるために、釜山市民と一緒に玩月洞巡りを催したことがあります。歩いている最中のこと、参加者の一人、玩月洞で性売買女性として生きてきたオンニが、玩月洞は「振り返るのはつらいけれど、私が一生懸命生きていた証拠となる場所だ。ここがなくなったら私が生きてきた証《あかし》がなくなり、私が記憶することのできる空間がなくなる。そうなったら虚しくてたえられなくなりそうだ」「暗い歴史は暗い歴史のまま、楽しい歴史は楽しい歴史のまま記憶する空間にしたい」と、語りました。そのために玩月洞を記録することにしました。玩月記録研究所を設立し、市民たちと共に写真と絵、文章で玩月洞を記録し始めたのです。「つらい歴史だけれど、記憶し続けなければならない遺産」「繰り返してはならない歴史の場」として残したかった

6　二〇二五年二月現在、玩月洞の閉鎖は遠のき性売買業も続いており、女性たちは苦境に立たされているという。

玩月洞の入り口に「青少年通行禁止区域」と書かれている。性売買集結地であることを示す。

のです。私たちは抱主たちの執拗な妨害と脅迫にさらされながらも、市民たちと共に歩き回り、記録を続けています。性売買女性たちにインタビューし、その生きてきた軌跡を記した本を出版し、「玩月アーカイブ〔http://wanwolwomen.co.kr〕」を作りました。アーカイブ展示もしてトンネと人びとをカメラに収めました。玩月洞が閉鎖される直前まで、記録活動を続けるつもりです。

その記録活動を続けた成果を足がかりにして、二〇二三年には東京と大阪で展示会を開きました。また、二〇二三年に釜山で開かれた展示会には、日本の市民たちも参加してくれました。日本の植民地時代に作られた女性の性的搾取の場で何が起こっていたのか、私たちはそのすべてを知らなければならず、それは非常に大切なことだと思います。過去のつらい歴史を教訓にして、二度とそのようなことが起こらないよう、両国の市民が互いに行き交い、連帯の道へと進んでいく出発点になればと願ってやみません。

チョン・キョンスク

はじめに

うららかな陽差しが講義室に振り注ぐ、けだるい春の日のことだった。勉強より友人たちと遊ぶことに関心があったころ、私は窓の外を見ながら空想にふけっていた。その時、教授の一言が私の脳裏を横切った。東南アジアについての講義をしていた彼は、「売春も観光資源の一つになりうる」と言ったのである。私は飛び上がらんばかりに驚いて空想から醒めてしまった。しかしちゃんとした反論もできないまま、「込み上がる」怒りを抑えるしかなかった。

その後も、授業時間に何気なく吐き出される教授たちの言葉や、大衆メディアによって報道される性売買の記事にたびたび接した。無意識のうちに気持ちと体がそちらのほうに少しずつ動いていった。大学卒業と同時に社会の前線に立ったが、サイズの合わない靴を履いているようで落ち着かなかった。日常生活に嫌気が差して疲れ始めたころ、ある新聞記事が目に入った。「○○大学校大学院女性学科学生募集」。それを見た瞬間、しばらく動けなかった。私の中で時たまふつふつと沸き上がってくる、得体の知れない憂鬱な思いと怒りを解決できる糸口を見つけ出したように感じた。

大学院に進学した私は、女性学の勉強をしながら女性の人権問題に目を向けるようになった。特に性売買関連の論文を読んで、モノのように売買される女性の身体、その女性の身体を利用する搾取の網、性を買う男性ではなく性を売る女性たちが生涯背負わなくてはならない烙印の問題などに接し、本格的に性売買の問題を考えるようになった。書籍と理論だけに頼ることなく、直接性売買当事者に会って彼女たちの経験を聞いてみたかった。釜山には全国的に有名な性売買集結地〔性売買店の密集地〕、〔俗称〕「玩月洞」がある。私はそこにいる性売買女性たちに会うために、周辺を歩き回ってみることにした。しかし徹底してベールに包まれた場所だったので、彼女たちに会うのは容易なことではなかった。

大学院を修了したあと、「女性文化人権センター」創立メンバーとして活動した。この団体は、釜山に存在する伝統的なほかの性売買集結地である海雲台《ヘウンデ》「六〇九」の近くにあった。「六〇九」では、性売買経験当事者に直接会うことができた。私は女性たちに会いたいと思い、折を見てはそこに通った。女性たちに必要な物を届けて、顔を合わせたり目であいさつしたりした。店長が席を外した隙に、少しのあいだ店に入って話を交わしたりもした。

女性文化人権センターで私は、主にDVや性暴力についての相談を担当した。そうするうちに性売買女性の相談を引き受けるようになった。DVや性暴力被害者の女性を支援するのとは異なり、この分野は法的な支援が多くを占めた。そのために司法機関（警察・検察・裁判所など）に同行すると、一日中警察署内でじっと座りながら長時間待たねばならなかった。また法執行者たちの性売買女性に対する無知と偏見、低い人権意識に真正面から闘わなければならなかった。そして事件の経緯報告書、陳情書、嘆願書など、法律に関連する書類の一切を準備し、性産業関連者である抱主と銭主《チョンジュ》[1]、紹介業者の脅迫と懐柔に耐えなければならなかった。

二〇〇二年当時、釜山には人権という観点から性売買女性たちを支援する独立した団体

1　性売買の店の女性を対象に、経営者に代わって前払金を立て替える業者。シンパク・ジニョン同前書、二一六ページ参照。

がなかった。地域の女性団体は、人権という観点から性売買女性を支援する団体を作ることに共感した。しかしながらそれぞれに事情を抱えていて、独自に設立する余力はなかった。個人的に団体を設立する力量はなかったが、必ずやり遂げたい、自分がやらならなくてはだめだと思った。徐々に絶対にやるという熱い思いが湧きあがり、何が何でもやってみようと決意するに至った。

まず家族を説得した。夫は「玩月洞」と言えば暴力団のことが思い浮かぶようで、危険ではないかと心配した。何か月か粘り強く説得を続けた結果、夫は同意というより強要に負けて「降伏」した。そうして「サルリム」[2]活動が始まった。「やらなくてはいけないと思うけど、できるのか」「ビジョンも見えないことを、どうして無謀にもしようとするのか」「お金もないのにどうやって運営するのか」といった気遣う言葉を知人たちからたくさん聞いた。できると自信をもって応えはしたが、周りから期待されたり心配されたりすると、私の心は折れそうになった。でもサルリムを始めると同時に、待ちに待った子どもができ、

2　「살림」。「生かす」「助ける」「生活する」という意味。サルリムの詳しい由来は第一章参照。

一緒に活動できる心が通い合う人たちにも出会えた。そんなに心配することはなかった。

　サルリムは二〇〇二年一一月四日にオープンすることができた。常勤の活動家が三人、ボランティア活動家が十人余りも集まった。ボランティア活動家は、釜山大学校「Her Story」[3]、総女学生会[4]、ネット上における大学内の性暴力の被害者を支援していた「越蔽《ウォルチャン》」[5]とその関係者だった。

　彼女たちとの貴重な出会いは、私が女性団体活動家として動いていた時に始まった。そのうちの一人パク・ヘジョンとは、彼女が釜山大学校校誌編集委員長として活動していた際、青少年性売買を主題にした特別記事の原稿を私に依頼したことから手を取り合うようになった。彼女に初めて会った時の印象は、芯が強くはっきりした意見を持ち、論理的で揺るぎない人のように見えた。定収入もなく交通費だけを受け取る貧しい活動家だった私は、文章を書くのが苦手で好きになれなかった。だが高い原稿料を出すからという彼女の

3　男性の歴史をhis storyというのに対して女性の歴史をher storyと名づけ、フェミニズムに関心のある女学生たちが集まって作った雑誌。今はない。
4　大学内における女性の権利拡大を目指した組織。
5　「월장」。釜山大学校のサークルで発行しているＷＥＢマガジン。韓国語で「塀を越える」という意味。

言葉に誘惑されて、寄稿することにしたのだった。

もう一人の活動家のイ・ユンミとは、サルリムを始める直前に出会った。私を訪ねてきた何人かの学生たちのうちの一人だった。言葉数は少ないが、確固とした自分の考えを持っているように見えた。このように三人の出会いは格別な縁となり、最初から意気投合した。未来への確実な保障もないまま、私たちは熱意だけを武器にその道を歩み始めた。その後、愉快で自信あふれるシムト[6]のイ・スクチェ院長、サルリムボランティア活動家から始まり無から有を創り出すように自活支援センターを作った、情熱的なカン・ヘジン、女性文化人権センターで一緒に活動していた、積極的で自信満々のユン・ヒジャらが合流した。そして真心のこもった愛情と情熱で常にオンニ[7]たちに寄り添ったたくさんの活動家たちがいた。志を共にする人たちと一緒に活動できるのは大きな喜びだった。アルバイトをして自分の生活をやりくりし、せっせと支援者を募り、社会の偏見に憤慨し挫けそうになりながらも、私たちは互いに尊重し協力し合って情熱を注いだ。

6　「쉼터」。「休憩所」「憩いの場」を意味するが、シェルターのこと。
7　性売買女性への姉妹愛と親近感をこめた呼び方。詳しくは第一章参照。

性売買防止法[8]が施行〔二〇〇四年九月〕された当時、私たち（オンニと活動家）は、凍った路地と道路と冷たいアスファルト、玩月洞通りで行動を共にしていた。差し入れられた白菜でキムチを漬け、夜が明けるまで店を一軒一軒訪ね歩いて三〇〇人のオンニたちにそれを配った。買春者《かいしゅん》と店の女性に偽装して入り込み、店長の性売買強要とゆすりなど、不法行為についての証言を直接収集した。警官を伴わずに店に入った勇敢な活動家が無鉄砲にもオンニを連れ出して、店の関係者から辱めを受けることもあった。坡州ヨンジュコル〔京畿道坡州にある性売買集結地〕から済州島に属する島まで、オンニたちから助けを求められればいつでも飛んでいき、この過程で活動家が店長に捕まって売り飛ばされそうになったこともあった。店長たちにサルリムに乱入されたり、脅迫されたり、刃物で脅されたり、高利貸しと日収業者から執拗に脅しつけられたりしたが、頑張って耐え抜いた。統合失調症を患っていたオンニに二四時間離れることなく付き添っていた活動家が倒れたこともあっ

8　性売買防止法は、女性運動が推進力となって二〇〇四年に制定され、世界で初めて買春処罰を打ち出した北欧モデルを一部取り入れて、業者への処罰とともに買春処罰にふみだし、国・地方自治体の責任で性売買女性の保護、被害回復と自立・自活支援を可能にした。詳しくは本書解説を参照。

たし、不公平な公権力に立ち向かうこともあった。

このような貴重な経験をこの本に記録した。これは私の記憶と共にサルリム便り、年次報告書、サルリム一〇周年記録、集結地自活支援白書などの記録をもとに再構成してまとめたものだ。サルリムが成長する過程を見守り支援してくれたイ・ギスク理事長をはじめとするサルリムの理事たち、オンニたちの法的支援を担当したピョン・ヨンチョル弁護士、家事を気にせずサルリムの活動に専念できるよう物心両面で協力してくれた夫のイ・テウォンと姉のチョン・キジャ、本のタイトルを決めるに当たりアイディアを出してくれた大学院の後輩アン・ミス、サルリムを去る際、後ろ髪を引かれることなく安心してやめられるように取り計らってくれたピョン・ジョンヒとチェ・スヨン、キム・ジョンイム、キム・ジヨンさんをはじめとしたサルリムの活動家たち、用語の整理を手伝ってくれたイ・ユンソとイ・ジヨン、推敲を担当してくれた童話作家のキム・ジンさん、そして本書が出るまで一緒に動いてくれた、サルリムに顔を出していた活動家やオンニたちに感謝の言葉を捧げたい。

【目　次】

第二章　玩月洞と向き合う

第三章　烙印——偏見と正面から闘う

第四章　価値と情熱の持ち主たち

凡　例

一、本文中の（　）は著者による原注である。
二、各頁末の注は訳者による注である。また〔　〕には訳者による簡単な補足を入れた。
三、写真は指定がない限り、著者の提供である。

第一章

サルリム

生き残り、人を生かす

玩月洞を出た女性たちが、自活と治癒のために制作展示したトピアリー作品
（2011 年撮影）

初めてのサルリムを生きる

「サルリム」というのは、ボランティア活動家と常勤活動家が話し合ってつけた名称である。私は玩月洞アウトリーチ（Outreach、「手を広げる、出向いて行って直接接する」の意味で、外部の者が店を訪ねたり、店の入り口でオンニたちに物を分けたりする行為、簡単な黙礼、目を交わして挨拶する目礼、安否を問うなどの行動を意味する）を終えたあと、サムギョプサルを焼いていた。「区役所に団体名を性売買被害者相談所と届け出るのは、なんかしっくりこない。性売買被害者相談所のあとに、私たちが「オンニ」にどんな思いで接しているのかを表す、短いけれど強いメッセージのある単語を加えたい」と提案した。

私たちは、「どんな名前がいいだろう？ 気のすむまで考えて思いつくままに意見を出し合う」ことにした。集まっていた者たちは、すぐにひとことずつ発言し始めた。「オンニたちの存在をどうやって見えるものにしようか」「私たちはどんな目的でここにいるの」「私たちのことをほかの人にどのように紹介しようか」などの疑問が、途切れることなく出された。沈黙の時間が続くかと思うと、ぽつりぽつりと案が出るということが繰り返されながら、さまざまな話が行き交った。言葉が次から次へとあふれ出て、それがいつ終わるともなく続いた。全員が疲れ切ったころ、誰かが「サルリム」はどうかと提案した。「サルリム」という単語を最初に聞いた時は、家で「家事をするといった」女性だけの何かのように感じられた。その席にいた多くの人が「『女性的』過ぎる、『女性性』が出過ぎ」と言って、反対した。この社会の強い性別固定観念を考えると、それに加担するのではないかと思ったりもした。しかし英語の survivors は生存者、生き抜いた人、人を活かすという意味に解釈できると誰かが言うと、私たちはみな「いい意味だ」「すごくすてき」と言って、満場一致で決まった。

こうして私たちは「活かす／助ける」「生活する」という意味を同時に含む「サルリム」という名称を使うことにした。「活かす／助ける」は、性売買女性を性産業構造の鎖と暴力から救い出して暮らせるようにし、性売買女性が社会の構成員として意志を持ち、生活していけるように共に行動しようという願いを込めた言葉である。また「生活する」というのは、私たちの日常を活かすという意味だ。家事をする人が家にいなかったり、家をケアする人がいなければ、私たちはどうなるか。日常の生活と大切な命の価値が詰まった名称だ。なんとおしゃれな名称か。私たちが一緒に知恵を出し合った末に生まれたものだ。

大切な価値を盛り込んだ共同体の合作であるサルリムは、二〇〇二年一二月六日、正式に門を開けた。ちょうど大統領選挙の時期だったので周辺が大変慌ただしく、また非常に寒かった。開所式前から活動していた私たちは、「儀礼的な行事」をするべきかどうか迷ったが、自分たちのやろうとすることを志を共にする人たちに知らせ、互いに力を合わせる時間を作るほうがよいのではないかと考えた。サルリムが門を開ける日、一五坪余りの空間に釜山地域の女性団体の活動家、フェミニズム活動家、女性団体と共に活動する教授、ジャーナリスト、政治家など、共通の志を持つ大勢の人たちが参加した。相談所の中は立錐の余地もないほど混み合い、会場に入れなかった人びとは外に立っていなければならないほどだった。

儀礼的に行う開所式の手順は省略し、出席者全員が自己紹介をした。そして「サルリム」

がうまくいくように願いながら言葉を交わし、心を込めて準備したお茶やお菓子を分かち合った。

静かに門を開こうとしていた私たちの願いとは裏腹に、メディアが大きな関心を示した。私と事務局長が玩月洞入り口に立っている写真とインタビューが、「釜山日報」に大々的に掲載された。また「国際新聞」「ハンギョレ」「大学新聞」「釜山女性新聞」などにも、これから私たちがやらねばならないことについて、詳細かつ好意を持って報道され、多くの話題で紙面が埋められた。サルリムの始まりを知らせる開所式招待状の内容は次の通りだ。

招待状

いつも他人事《ひとごと》のように話されていた性売買……。

私たちのトンネに、自分の家の近くにあっても、ただ目をつむっていた性売買……。

何をしたらいいのか分からないからと、常に目をつぶってしまっていたあの時に
そこでは私たちと同じ女性たちが苦しんでいました。

ただただお金を手にすることができると考え
あるいは、一度の失敗で性産業に足を踏み入れたという理由で
不合理な借金と暴力のなかで
誰にも話せない苦しみを胸に抱いて生きているのです。

あまりにも巨大な性売買産業構造と
性売買を当然視する文化のなかで
私たちも、どのようにしてこの女性たちと出会い手助けすればいいのか
どうしていいのか分からずおろおろすると同時に、怖れがあったのは事実です。
しかしながらそのような怖れは、もう振り払おうと思います。

人間は人間らしく生きなければならないという、
そして自分を含むすべての女性が、自分の人生を自分で選び
幸せを追求する権利を持たなければならないというのが、
私たちが活動を始める一番大きな理由です。

私たちに与えられた答えはまだ何もありませんが
私たちは会ってみようと思います。
そして私たちの生が共に幸せになる道を探してみようと思います。
私たち、今こそ手を取り合いましょう。

開所式が終わって参加者たちが餅と菓子を食べながら談笑していると、先輩活動家がひとこと言った。「テーブルが汚くて食べる気になれない、掃除しなくちゃいけないでしょ、これは何なの」。私たちは手を叩いて爆笑した。私は、「はい、次からはきれいに掃除しておきます。今日は大目に見て、新しいのに変えるためにたくさんの支援をお願いします」

と応じた。

こうして、私たちの理想を作り上げ実践に移す空間は手に入れたけれど、いかんせん運営資金がなかった。運営資金の多くは寄付金で賄われたのだが、寄付金といっても一万ウォン以下という少額に過ぎなかった。支援者たちのなかには以前から親しかった人もいたが、ホームページや関連記事を見て、私たちの思いに共感し快く手を差し伸べてくれる人たちもたくさんいた。かといって寄付金だけで運営費を賄うのは難しかったので、日常の業務が終わると、活動家たちはアルバイトをして生活していた。

電話が時おり遮断され、電気と水道まで切られるような事態も起こった。こんなことが繰り返され、通帳に一銭のお金もなくなったある日のことだった。支援者の一人を訪ねていき、「今財政がひっ迫していて苦しいです。助けてください」と訴えたところ、その人は「苦労しているんだね。こうして訪ねてくる前に私が先に気がつかなくてはいけなかったのに、悪かった」と言って、快く一年分の寄付金を出してくれた。そのお金で電話と電気料金を払った。電話のベルが鳴った途端、その人の温かい心が伝わってくるようで、涙がはらはらと流れ落ちた。千万金にも勝る価値あるお金だった。

「サルリム」だけの空間で繰り広げられたこと

「サルリム」を動かすために一番必要なものは空間だった。サルリムを作る「金」がなかった私は、保険約款貸し付けを利用して何とか五百万ウォンを捻出した。このお金で希望通りの場所を借りられるだろうかと思いながらも、「天は自ら助くる者を助く」と信じた。不動産の仲介手数料を節約するために、何日も何日も路地のあちこちに設置された掲示板、電信柱や塀に貼られている家賃や伝貰《チョンセ》[1]などが記されたチラシを見て回った。そうしてやっとアジトを見つけた。そこは車が行き交う大通りからそれほど離れていない、静かな路地に面した平屋だった。玩月洞からは五分、地下鉄駅からは三分の距離にあった。事務用の

1　「전세」。不動産の所有者に一定の金額を預けてその不動産を借りること。不動産を返すときに預けた全額が返済される。

什器類は新品ではなかった。事務用品とソファはある生命保険会社の中古品をもらい受け、机、椅子などのこまごました備品は活動家たちが道端で拾ってきた。相談所の内部も壁紙が新しいだけで、オンドルの床など建物の隅々に汚らしいシミが広がっていた。掃除をしても何十年ものあいだに沁みついた歳月の痕跡は消えなかった。

サルリムが初めて巣を構えたそこで、活動家たちは、住み着いていたネズミやゴキブリなどのあらゆる生き物と、暑さや寒さなどの苦楽を共にした。事務所の出入口は道に沿っているので、出入口を開けると、通り過ぎる人びとを眺めることができた。たまに好奇心の強い人が、引き戸をそっと開けることがあった。出入口のドアを開けて入ると、全体の半分の面積を占める広い空間がある。そこは事務空間として何脚かの机と椅子、ソファなどが置かれている。次のドアを開けると、会議や食事ができる会議室兼食堂、その次のドアを開けると相談室、そのまた次のドアを開けると台所とトイレがある、いわゆるウナギの寝床の形をしていた。

このような構造は、私が幼いころ過ごした田舎で見られたトンネの美容院とよく似ていた。ドアを開けるとすぐ美容院があり、次は生活空間、そして台所があった。ここもやはり美容院だった所で、廃業したあとほかの美容院の借り手がなく、別の用途で使えるように改装したものだった。

古い建物だからか、オンドルの床にはところどころシミがついており、雨が降れば壁紙のあいだから雨水が流れ落ち、その跡が真っ黒なまだらになって残っていた。トイレのドアは風が吹くとガタガタとけたたましい音を立てながら震え、すぐにでも壊れてしまいそうだったし、ドアを開け閉てする際にキィーという鋭い金属音がして、耳に障った。雨風の強い日などは、動くものすべてが互いに合唱しながら、轟音を撒き散らした。そんな時私たちは、一日中恐怖と不安に打ち震えなければならなかった。

天井は我が物顔で走り回るネズミたちのアジトと化していた。トイレに入った時に出没するネズミを見てびっくり仰天し、真っ青になって叫び声をあげて飛び出すこともあった。見たこともなく名前も知らない虫が時たま出没し、どきどきする胸を撫でて落ち着かせることが何度もあった。ネズミが恐くてトイレに行けず、百メートルも離れた聖堂のトイレを借りることもあった。

ネズミがしばしば出没する状況に対して、特別な対策が必要だった。猫いらずやネズミ捕り、そしてネズミを生きたままくっつけるチクチギ[2]も置いた。朝出勤すると、死んだネズミがいたり、チクチギに貼りついて生きたままじたばたし、際限なくチュウチュウと鳴き続けるやつもいた。そんな日は、活動家は気持ちを静めようと一日中脂汗を流し続けた。恐がって片づけられない活動家の代わりに、私が始末するしかなかった。ネズミのために緊張が続いていたある日の朝！みんなを驚かせる事件が起こった。朝、出勤してみると、ネズミの家族がチクチギにくっついていたのだ。お母さんネズミ、お父さんネズミ、それに子ネズミの二匹、合わせて四匹が一度に捕まっていたのだった。どう処理していいかほとほと困り果てた。ネズミとはいえ子ネズミがいるので、みな不憫に思ったのである。しかし処分するしかないと考えて、果敢に行動に移した。私は糸を巻くようにチクチギをくるくる巻き、助けてくれと暴れ回るのを無視して、やつらを永遠の安息地に送り出した。その後も、ネズミどもはたまに出てきはしたが、一度に群れを成して現れるようなことはなかった。とはいえ、ネズミどもとの闘いが終わったわけではなかった。

2 「찍찍이」。ネズミ捕獲用の粘着シートの商品名。「찍찍（チッチッ）」というネズミの鳴き声に語調を整える「이（イ）」をつけた言葉。

　このようにネズミどもと戦争を繰り広げ、一息ついたある夏の日のことだった。強烈な日差しが入り込む事務所は蒸し風呂のようであり、私たちは二台の扇風機で何とか暑さを耐え忍んでいた。事務所に立ち寄ったオンニが団扇で顔を煽りながら活動家と話をし、ふと頭を後ろに反らして天井を見た。と、鋭い悲鳴を上げて天井を指さした。羽のついた蟻の群れが悠々と天井を対角線に横切っていた。古い建物だから湿気が多く以前もそんなことがあったので、じっと眺めていた。すると何かが少しずつくねくねと動いたかと思うと、その数が急激に膨れ上がり、挙句の果てにその場を真っ黒に覆いつくしてしまったのだ。

　壁と天井全体が足の踏み場がないくらい虫で覆われているというのに、連中は続々と列を成しながら出てきていた。水を得た魚のごとく、事務所の隅々にわたってすべてを乗っ取りかねない勢いだった。気が急いて、何か行動を起こさねばと思った。大騒ぎしながらあちこち動いていると、何かが目に入った。「エフキラー（家庭用殺虫剤の商品名）」だった。ぎゅっと目をつむり連中に向かって必死で噴霧し続けた。と、これはいったいどうしたことか。連中がみな床に落ちてきたではないか。私たちは歓声を上げた。エフキラーを何回か噴霧したあと、連中が出てきそうな穴をテープでガチガチに塞いだ。それ以降連中の勢いは静かになっていった。それでも天井や壁の隙間からたまに現れることがあり、そんな時は真っ先にエフキラーを探した。それからも隙を見ては私たちを悩ませはしたが、群れになって現れるようなことはなくなった。

虫どもが大規模に出没した時一緒にいたオンニは、家の天井にハエがいるだけでぎょっとすると言っていた。そして「虫がうじゃうじゃ蠢《うごめ》いているような所に誰が相談に来る？信用できなくて誰も来ないよ。早く引っ越しなさい」と、忠告した。

二年後に支援者の協力を得て、最初の二倍を超える広さの事務所に移った。やっと暑さ、寒さ、ネズミ、ゴキブリ、そしてその他の昆虫どもから解放されたと思うと、感慨もひとしおだった。ネズミと奇妙奇天烈な虫どもとの同居から逃れ、広々としてきれいな事務所に引っ越した日、一人の活動家が、「事務所が急に上等になったみたいだ。今までの素朴な姿が好きだったオンニたちが、なじめなかったらどうしよう」と言い、私たちは幸せな悩みに浸った。

しかし誤算だった。建物が西向きで窓が透明なので日の光がそのまま強く差し込み、それこそサウナのようだった。エアコンをつけても外気温より高く、朝出勤すると内部の温度は三十度を超えていた。冬は冬で、北から吹いてくる風と冷たい雪が吹き寄せ、シベリアの荒野にいるようだった。活動家たちはガスストーブなどのストーブを各自一台ずつそばに置き、厚地のダウンジャケットに電気カーペットまで動員した。真冬には手がかじかんで、パソコンのキーボードを叩くのがつらいほどだった。

そうこうして三番目に引っ越した所は、想像できないくらいユートピアのような空間だった。十五階ビルの七階で百坪以上あった。大地がぐらぐらと煮えたぎる息が詰まりそうな夏でも、天井と壁から出てくるエアコンの風のおかげで、私たちは長袖を着、時には犬も罹らないという夏風邪を引いた。それにビル内に銭湯があったので、冬に暖房する必要がなく暖かかった。これまでの事務所とは比較にならない勤務環境だった。

引っ越した日に、ある活動家が「これでやっと仕事に集中できる。こんなところに来れるなんて夢にも思わなかった。エレベーターもあるしね」と、幸せそうに言った。しかしこのような幸せは長く続かなかった。月々の家賃と管理費が高すぎて、首が回らなくなったのだ。ビルのオーナーが寄付金を当てにして、自分のいいように使っていたのである。この額だったらオンニたちともっと食事もできるしオンニたちに必要な物も買うことができると思い、再度引っ越すことにした。人は年を取るほど昔に戻りたがる帰巣本能があるとか。私たちは、最初に始めたその場所の近くにまた戻っていった。

「サルリム」が現れた！

サルリムの開所式を終えたのち、蒸し小豆餅を台車に載せて玩月洞に向かった。まだ早かったからか（午後十時）トンネは閑散としていたが、オンニたちが出ている店は結構あった。玄関イモ[3]（ナカイ[4]、客引きをする女性を言う集結地の隠語）は、店の外で椅子に座って雑談をしたり、客引きをしたりしていた。私たちが餅を配るために店に入っていくと、玄関イモは聞くに堪えない悪口雑言を浴びせかけた。そして私たちを店の外に追い出して容器に一杯の塩を撒き、「縁起でもない。客も入っていない店の入り口に女が入ってくるなんて。

3　イモ「이모」は「血のつながっている親戚のおばさん」という意味だが、ここでは身内ではない年上の女性を呼ぶ際の言葉として使われている。

4　「나까이」。日本語の仲居が由来。客を「釣る（낚다ナッタ）」からきているともいわれる。

2002年サルリム開所当時の事務所の看板
（2003年撮影）

またこんなことしたら、黙っていないから」と言い放ち、餅を地面に捨ててしまった。

けれども私たちはこんなことにはめげなかった。トンネのあちこちを歩き回りながら、「この餅を必ずオンニたちに配ってくださいね」と言って、玄関イモたちに渡した。すると彼女たちは、しぶしぶオンニたちに餅を渡すようになり、自分が食べたり、椅子の横に置いておいたりした。とはいえ、多くは「食べられもしないものを何で持ってくるんだ」と言って、ゴミ箱に捨ててしまうのだった。

この日のアウトリーチは大変だったけれど成果もあった。忠草会《チュンチョフェ》（玩月洞の抱主たちの親睦団体であり、玩月洞の中で起こる「変態客」買春者への対処、業者間の衝突の仲裁、公共機関との折衝などを行う）の影響下にない店のオンニたちと顔見知りになったことだ。玩月洞には道路沿いやひっそりした裏道にありながら、忠草会に加入していない店と玄関イモがいない店が相当数あるので、直接店に入っていってオンニたちに声をかけることができたのである。その日に出会えたオンニたちの数はそれほど多くはなかったけれど、希望が持てる一日となった。

その後もボランティアたちと、毎週粘り強く玩月洞に入り込んでいった。何か月かアウトリーチが続いたが、一階のミス部屋にオンニたちはいなかった。玄関イモが物品はオンニたちに手渡しておくと言っていたのに、サルリムを訪れる女性はいなかった。のちに分かったことだが、玄関イモたちがオンニたちに物品を渡さず、中間で横取りしていたとのことだった。こんな状態を続けるわけにはいかないと考え、オンニたちと行き来できるほかの方法を探ることにした。

玩月洞は感染症予防管理法の特殊業態部と登録されており、週に一度すべての女性が性病検診を受けなければならず、毎週月曜日から木曜日の朝八時から、トンネ内の個人病院でそれぞれ検診をしている。私たちは、そこでオンニたちに直接会うことにした。

検診が始まる時間は早い。オンニたちは疲れた体を引きずって一人ずつ現れ始めた。サンダルを履いて一人でとぼとぼとぼんやりした顔で現れるオンニ、何人か一緒に列を作ってやって来るオンニ、店の関係者と一緒に来るオンニなど、オンニたちが店で置かれている状況や、店長が統制するスタイルによって、検診に来るオンニの姿はそれぞれ異なっていた。

店長に信用されているオンニは一人でやって来るが、集団で来る場合は、そのうちの一人が店長と親しかったり、店でチーママをしながらオンニたちを管理する者が引き連れてくる。玄関イモに一人連れて来られるオンニは、店に来ていくらも経たない場合や、全国で要注意人物とされているか、前払金[5]が多額で行方をくらます可能性がある場合が大部分だった。

アウトリーチは心配していたよりスムーズに進んだ。店の関係者は折に触れてニュースレターや物品の手渡しを妨害してオンニたちに近づけないようにし、二度と来るなと大声を上げることがあったが、忠草会が前面に立って私たちの行動を阻止したり妨害したりす

5 性売買店で働くことを条件に、働くために必要な経費を含め当面急ぎの費用を前もって払う金銭のこと。時間が経つほど罰金や利子がかさむ。店主は女性が逃げ出すと詐欺罪で告訴できる口実ともなる。店主が性買売女性をコントロールする主要な手段である（シンパク前掲書、一四〇頁）。本書第一章「シムトを開く」参照。歴史的に日本式公娼制下の「前借金」にルーツをもつが、同じではない。日本式公娼制に関しては解説参照。

るようなことはなかった。

　アウトリーチが平穏に進められ、日常の活動に定着しつつあったある日のことだった。「ニュースレターの内容が単純すぎて、私たちのやっていることが何なのかオンニたちに伝わっていないような気がする」と言って、「もう少し果敢に攻撃的に接近しよう」と提案する活動家たちが現れた。私は、ステッカーの内容が刺激的過ぎると店長たちが反発するだろう、そうなるとそれなりに安定して進められているアウトリーチもできなくなるから、もう少し様子を見ようと言った。しかし血気盛んな活動家たちは主張を曲げなかった。黄色い地に緑で刻まれた「前払金は無効」という文字は大変目立った。

　運命の日の朝、妊娠七か月の私を除き、変更したステッカーを持って出かけていった二人の活動家は、予定の時間を過ぎても戻ってこなかった。「今日はオンニたちがたくさんいたので遅くなるんだろう」と思っていると、電話がかかってきた。慌ただしく相談所の住所を尋ねるので、すぐに「来るものが来た」と直感した。

　いくらも経たないうちに活動家たちが戻ってきた。疲れ切った様子ではあったが、何事もなかったように落ち着いて、自分たちがどのような目に遭ったのかを話した。「前払金は無効」のステッカーを配り始めて五分と経たないうちに、店長と玄関イモが大勢集まってきた。忠草会の総務が「こんなことしたら、あんたたちを守れない。こんなことをすると、ここの者たちは気性が荒いから、道を歩いている時に背中を刺されるかもしれない」と、脅迫したというのだ。また周りにいた者たちが、口汚くののしりながら暴力を振るう素振りを見せると、あっという間にほかの者たちが押し寄せてきたとのことだ。身の危険を感じた活動家たちは警察に身辺保護を要請し、出動した警官と一緒に交番に行って事件の経緯を説明したあと、戻って来たとのことだった。

それからどれくらいの時間が経っただろうか。三十人から四十人ほどの店長が一度に相談所に押しかけてきた。中で一番年かさと思われる店長が、床を叩きながら大声で泣き叫んだ。「お前たちのせいで店長たちはみんなやっていけなくなる。助けてくれ、お前たちは店長を殺そうとしている」等々、泣き言とも脅迫ともつかない慟哭が続いた。一方でほかの店長が事務所の什器を足で踏みつけ、机の上にあった書類を破り捨てた。罵り声と叫び声でその場はすぐさま修羅場と化した。連中は理性を失っているようで、乱暴狼藉を働き、何が起こるか分からない一触即発の危機に瀕していた。妊娠していた私のお腹は風船のようにパンパンに膨れ上がり、店長たちは今にも私に飛びかからんばかりになっていた。危険を察知した勇敢な活動家が、うしろから両手で私のお腹を抱えながらぴったりくっついて立った。

そうして何分か過ぎた。私はこのままではだめだと判断し、机の上にあった書類をつかんで連中に向かって投げつけながら「静かにしなさいよ。何するの。みんな出ていきなさい」と声を上げげた。それぞれ狼藉を働いていた連中は、一瞬私を見つめて静かになった。私は「言いたいことがあるのなら、何人か残ってあとは全部出ていきなさい、そうじゃなければ話ができないではないですか」と言った。するとまたしばらくがやがやと騒いでいたが、店長の代表がみんなに戻るよう、自分がみんなの言いたいことを伝えるからと諭した。

少しばかりやかましく何か言い合っていたが、店長の大半が帰っていき、残った店長は「商売にならない」「店にいる子たちはみんな詐欺師だ」「やりたい放題だ」「前払金が無効だなんて、そんなステッカーを配ったら詐欺を働く子が増える」「相談所が詐欺を助長している」「あの子たちはちゃんと生活している」「この業界では玩月洞が一番優遇している」「取るだけ取って勝手なことをやっている」等々、オンニたちに対してありとあらゆる罵倒の言葉を投げつけ、玩月洞はなかなかよいトンネで、自分たちは店の女の子たちに本当によくしていると言い立てるのだった。店長たちは二時間ものあいだ、私たちを脅したりなだめすかしたりしながら自分たちが置かれている状況を訴えた。そうこうするうちに警察がやってきて、店長たちを帰したのだった。

次のアウトリーチの時は、「前払金無効」ステッカーの配布をしばらく保留することにした。店長たちの脅しに屈服したというより、こんな状況が続くとトンネに近づくことも困難になり、オンニたちと会う道がまったく遮断されてしまうからだった。

この事件があってから、玩月洞の店長たちのあいだにサルリムの存在が確実に知られるようになった。玩月洞で何か事件が起こると、店長たちは私たちが知っているかどうか確かめるために、時々立ち寄るようになった。私たちが玩月洞に赴こうものなら、「女性団体が来る、サルリムが来る」と叫びながら、自分たちだけで何とかしようとする様子も見せた。私たちの存在が店長たちへの無言のプレッシャーになっているのを感じた。その後も店長たちは、時たま偵察でもするかのようにサルリムの周辺をうろつき、私たちが少しでも親切にすればさっと近づいて来るようになった。

アウトリーチをしてみると、活動家、買春者、客の呼び込みをする玄関イモ、露天商、あでやかな衣装をまとった無表情のオンニたち、そして警察が、時空間を超えて一か所に存在するというアイロニカルな状況が作りあげられることがあった。たまに出くわす警官は、私たちに「女たちが性売買するのを見てどう思う」と嫌味を言った。買春者は「〇する」「〇〇してくれ」「お前の方がうまそうだ」などと、いやらしい言葉を吐きながら活動家の胸を指でつついたり、お尻を撫でるなどのセクハラ行為をした。店の関係者が道路上に横たわったり活動家の車を壊したりするなど、狼藉の限りを尽くしたために、活動家たちが車に閉じこもったままトンネの暗い道で何時間も対峙することもあった。

こんなことがあっても、私たちはオンニたちに必要な物と情報を届けた。ミス部屋に座っているオンニが見えると、物を手渡す手は玄関イモに向け、目は彼女たちに向けて、私を見てみてというテレパシーを送ることもあった。精一杯の気持ちが通じたのか、一瞬ではあるが目が合うこともあり、そんな時は、オンニたちの無表情な顔とものの悲しく弱々しい目に胸が締め付けられる思いがして、その場に立ちすくんでしまうこともあった。

米やキムチや餅を分けたり、クリスマスプレゼントや大雨の日にバレンタインデーのチョコレートを配ったり、三・八女性〔国際女性デー〕の日の広報をしたり、復活祭に三百個余りの卵を分けたり、隠し絵探しのあとフェイスパックを届けたりした日は、オンニたちが玄関イモの目を伺いながらも私たちを温かく迎えてくれる、感動的な瞬間を味わうことができた。

数年間経験を重ねた末に、アウトリーチ基本原則を決めた。店に入る前に事前作戦会議を行う（経験の有無によるチーム編成、適切な言葉遣いおよび行動心得、質問に対応する者の指定など）、店長や商人たちから罵られても応じずに笑う（強いメンタルを持つ）、トンネの路地をうろつく買春者から何を言われようと気にしない（無視し続ける技法を身につける）、ミス部屋のオンニたちが私たちに関心を持たなくても、目を合わせて挨拶をする（真心を見せる）、顔見知りのオンニを店で見かけた際、オンニが知らないふりをしたら私たちも知らないふりをする（顔見知りを無視する技法）。このような方法で、店の関係者たちから妨害されようと、気にすることなく黙々とオンニたちに会い続けた。

草梁《チョリャン》「テキサス」の外国人女性たち

私たちは遊興酒店[6]、ルームサロン、ナイトクラブ、団欒酒店[7]、理髪所[8]、サウナ、マッサージルーム、カラオケ等、「産業型」（「兼業型」とも言い、集結地（専業型）とは異なり、遊興酒店やマッサージ業など、他の業種看板を掲げながらも性売買が行われる店舗を表す。韓国社会ではこのような兼業型性売買店は性産業全体の九五パーセントを超え、性的搾取構造が産業化されているという意味で、「産業型」と呼ぶ）と呼ばれる所でも女性たちに会った。こういったたぐいの店に入り込んでオンニたちに会うのは、容易ではなかった。産業型の店がすべて性売買をしていると断定す

6　女性従業員が男性客を接客し酒食と遊興を個室で提供する形態。ルームサロン、テンパー、フルサロンなど。客が望めば、「二次」と称して、別な場所などで性売買が行われる。

7　日本でいうカラオケ・パブだが、遊興酒店と異なり法規上は女性従業員の接待はないことになっている。

8　表向きは理髪店だが、裏の別室で性売買を行っている風俗店。

ることはできない。したがって許可なく入り込む口実がなかったからだ。警察の取り締まり計画や行政機関の定期検査、あるいは店で買春者が届け出たりオンニたちが暴力を受けたり死亡したりする事件が発生するなど、特別な場合にしか出入りできなかったのである。

そうかといって、いつになるとも知れない一時的な公共機関の協力をむなしく待つわけにはいかなかった。公権力に頼らずにオンニたちに接近できる方法を、探らなければならなかった。いろいろ方法を探しているうちに、感染病の予防及び管理に関する法律によって、店で働く女性たちが定期的に周辺の産婦人科や地域保健所で性病検診を受診しているということが分かった。そこで性病検診をする病院を訪ねていって協力を要請したところ、多くの病院から不愉快な顔をされた。それでも好意的な病院もあり、私たちが作ったニュースレターなどを病院のマガジンラックに備え付けることができた。またオンニたちが検診に来る時間に合わせて、病院の検査室の前で私たちの活動を知らせたりした。

検診に来る女性のすべてが性売買をしていると断定することはできなかった。そのうえ近づき方を間違えると相手を傷つけることがあり、会うのを嫌がられたりためらわれたりすることもある。そこで私たちは、オンニたちが店長や客などから危害を加えられている不当な事例に焦点を当てることにした。不当な事例の一つとして、性売買を行うことを条件に支払われている前払金は無効であること等をはじめとして、店長の暴力やゆすりに関する法律上の支援を案内する冊子を作って配布した。

また彼女たちの自尊心を傷つけないように、表情や言葉遣いや行動の一つひとつに格別に気を使いながら、慎重に近づくようにした。私たちの配慮が通じたのか、いくらもしないうちにたくさんの女性たちが訪ねてくるようになった。彼女たちは店での性的搾取や人権蹂躙、前払金などの問題を語った。

彼女たちに「ここをどのようにして知ったのですか」と質問すると、「前に病院で会ったじゃないですか。保健所の椅子に座って話したじゃないですか」と応えたり、「知り合いがここに来ると解決する」と言ったので来たと、応えたりした。こうして私たちが出会って関わり合いを持つようになったオンニたちが、ほかの関わりへとつなげてくれることで多くの人たちが訪ねてくるようになった。この界隈でも人脈は無視できないのである。

私たちがオンニたちに会うための活動は国境を越えた。草梁外国人商店街（以下「草梁テキサス」）地域は、釜山で外国人専用に指定されており、外国人を対象にした遊興施設が密集している所だ。ここではビルが古くて安全性が問題とされ、また深刻な人権侵害が発生していたので、それらを解決するために草梁外国人商店街と名称を変更して、新しいビルを建てるなどの地域浄化事業が市によって進められた。しかしながら業態そのものに変化はなく、外国人専用カフェと外国人専用クラブとして営業を続けていた。

釜山駅の向い側の長い路地を中心に片側は、主にロシア、ウズベキスタン、カザフスタンなどから来た女性たちがいた。このなかには曽祖父母がサハリンなどに強制移住させられたり、北朝鮮からウラジオストクなどに渡った、外見は韓国人のように見える人たちが相当数いた。もう片方はフィリピン女性たちがたくさん集まっている所で、主に外国人クラブで歌を歌いダンスをし、飲み物でもてなしながら働いていた。これらの専用クラブでは、一店舗あたりたいてい十人以上の外国人女性がいた。

ロシアの女性たちは観光ビザ、フィリピンの女性たちは興行ビザで入国して働き、二次《イーチャ》（性売買）に出る者も時々いた。私が会ったフィリピン女性たちは歌が上手だった。舞台の上で歌う姿を見て魂が揺さぶられることもあった。彼女たちは韓国で歌手として働けばお金を稼ぐことができると芸能事務所から言われて、懸命に歌の練習をし、韓国の映像物等級委員会[9]から支援の推薦を得たのち、E—6ビザ[10]を取得して入国した。

だが韓国で歌手として働けると期待したのも束の間、入国と同時にパスポートを取り上げられて外国人クラブに送られ、そこで歌を歌い、飲み物を売り、一人当たり決められた一日の売上額を満たすよう強要された。そしていわゆる「バーファイン（bar fine）〔女性を店外に連れ出すこと〕」と呼ばれる、性売買も強制された。

二〇一〇年初頭には、二〇〇〇人に近いフィリピン女性が韓国にやってきてクラブで働いていた。米軍基地近くの基地村や港湾周辺は、主に外国人を相手にするクラブで活況を呈していた。全国で一〇〇余りの芸能事務所がフィリピン女性を連れてきて、そのうちの一部を草梁テキサス地域に流入させたのである。

韓国人の店より外国人の店に入るほうがはるかに簡単だった。「移住民支援センターから来ました」と言えば、入るのを止められなかった。何人かの店長が妨害したが、多くは

9　映画、ビデオ及び公演とその宣伝等に対する等級分類業務等を通じて、映像物に適切な等級付与することにより、国民文化生活の質的向上を図る一方、有害映像物から青少年を保護するために設立された機関。

10　九十日以上長期滞在しながら、芸術活動や工業活動を行う人たちに与えられるビザ。

出入りを妨げなかったので、私たちは女性たちに自由に会うことができた。

ニュースレターはロシア語とタガログ語（フィリピン語）で作った。私たちは基本的な挨拶の言葉は彼女たちの母国語を習って話しかけ、ボランティアの通訳も同行した。彼女たちは自分たちの国の言葉で挨拶する私たちを珍しがり、「オンニ、オンニ」と言いながら歓迎してくれた。しかし簡単な挨拶言葉以上の意思疎通ができず、残念な思いで引き返さねばならないことも何回かあった。

とはいえ、身振り、手振り、目配せなどで粘り強くサポートする私たちの努力は無駄ではなかった。彼女たちは韓国で直面した不当な労働行為と性的搾取等の法律的な問題を解決して、故国に戻っていった。帰国できる状況になかった女性たちは、シムトで生活しながらアルバイトをしたり、ボランティア支援センターで働いたりしながら帰国資金を工面したあと、自分の国に帰っていった。

性売買合法化の国、オーストラリアに行く

二〇一三年、「性売買問題解決のための全国連帯[11]」と共に、女性家族部の海外性売買被害支援プロジェクトでオーストラリアのメルボルンに行った。オーストラリア放送協会（ABC）の「フォー・コーナーズ（Four corners）」という番組で、性奴隷として売られていく韓国人のガールフレンドを助けようとして殺害された、オーストラリアの青年の話を扱った特集ドキュメンタリーが放映された。これをきっかけに韓国人女性の性売買の問題がオーストラリアで浮き彫りにされ、韓国とオーストラリア間の人身売買と性的搾取犯罪が水面上に浮かび上がったのである。この事件が起こったあと、両国政府は、オーストラリアに

11　性売買防止法の制定に尽力した各地の反性売買女性団体が、二〇〇四年九月の同法施行を前にした同年六月、全国的なネットワークとして結成した。

売られていく韓国人女性たちの性的搾取・人身売買に関心を寄せるようになった。そうして国家間のみならず、民間団体の活発な交流も行われるようになった。

私たちが滞在したメルボルンはビクトリア州に属する市である。ビクトリア州警察の取り締まりが困難であることと女性の人権の保護という名目で、一九八四年に初めて性売買を合法化した州だ。オーストラリア政府報告書によると、性売買が合法化されたあと性産業はますます盛んになり、児童性売買と人身売買も拡散しているとのことだ。合法化された性売買店は市から少し離れた郊外にあり、ローカル紙に詳しく広告を載せたり、旅行者のためのサイトを開設したりして、店の場所などを事細かに案内している。

メルボルンに着いた翌日、プロジェクト・リスペクト（project respect）を訪ねた。そこは一九九八年に設立されて以来、性売買と人身売買被害者女性の生存権と人権向上のための活動、人身売買被害者の支援、アウトリーチサービス、同じ境遇の者同士助け合う同僚支援プログラム、自活支援のための活動、人身売買国際ネットワーク連帯等の活動を行うNGOである。活動家の多くは、さまざまな国の人たちで構成された性売買経験当事者だった。

そこでは毎週金曜日に共同体食事会をしていた。共同体食事会の席は、人種と国家を超えた性売買経験の当時者と活動家たちが、一緒に食事をしながら交流を深める場だった。私たちは韓国マーケットで買った材料でキムパとサンジョク（牛肉・野菜の串焼き）、サラダを作って韓国料理を振舞った。癖のある抑揚で話す背が高く堂々として魅力あふれるオンニ、平壌訛りを面白く使いこなす浅黒い肌のオンニ、「店に入る際に私たちが知っておくべきマニュアル」を書いた、オーストラリア性売買経験者のオンニなど、今現在店で働いているかあるいは店を出たオンニたちが、食事会の時間に合わせて一人二人と現れた。こうして集まった私たちは、日々起こっている些細ではあるが興味深い、時には重いテーマを、何時間ものあいだ際限なく語り合った。

韓国で性売買が可能な店は、大きく二つの類型に分けられる。専業型（伝統型）性売買と兼業型（産業型）性売買である。専業型性売買はいわゆる紅燈街、私娼街、基地村、集結地などと呼ばれ、特定の地域に集中していて、店内で直接性売買を行う所だ。兼業型性売買は遊興酒店、団欒酒店、簡易酒店、マッサージ業、サウナ、理髪所、チケット喫茶、カラオケ等、遊興接客サービス業のたぐいで、別の業種に追加して性売買を行う所だ。合法化されたオーストラリアの性売買の実態は、韓国の専業型性売買、すなわち伝統型性売買と類似していた。

性売買は韓国では違法だが、店は大規模化（一つの地域に七〇から八〇余りの店が密集しており、従事する女性は一か所当たり平均十人以上）している。しかし合法化されたオーストラリアでは店が一か所に集中しているのではなく、玄関イモや女性たちの呼び込みもなかった。店の関係者も、入り口で会計担当者以外は見かけないほど小規模化していた。また住宅街の郊外に六か所から七か所まばらに散在していた。店は住宅を改造したビルで、主に一階や二階にあり、女性の数も十人前後だった。店の形態や規模、女性の数など、韓国で経験して知っていた私の固定観念（現代的な高層ビルで酒と接待、そして性売買まで一か所で行われたり、五、六階建ての旅館形式のビルに何百人もの店関係者と女性たちがいて、関係者たちの乱暴な妨害行為があある）が、一瞬のうちに壊されてしまった。店長たちの多くは中国人で、女性たちの国籍は多種多様だった。白人だけがいる店、韓国人女性だけがいる店、中国人女性だけがいる店、アジアの女性たちが一緒にいる店など、さまざまだった。

オーストラリアに到着後何日もしないうちに、救世軍の協力のもと、メルボルン市の郊外にある店にアウトリーチをしにいった。救世軍会員である現地の人の家で、カップケーキを焼いた。アウトリーチ一日目、二人の女性が待機室で寛いだ服装のまま化粧をしていた。化粧する彼女たちの姿と鏡に映った自分を見つめる目には、無関心と諦めの気持ちが混じっていた。冷蔵庫の上には韓国のインスタントラーメンが山のように載っており、ところどころに韓国語で書かれた本と食事のデリバリーのメニューなどが置いてあった。私たちは、健康情報と店で不当な待遇を受けた際に連絡できる番号が書かれた、ニュースレターを配布した。

何回か現場を訪問するうちに互いに顔を覚えるようになり、少しずつぎこちなさが消えていく頃、秋夕《チュソク》[12]になった。故国から遠く離れた地に住む人たちは、名節《ミョンジョル》〔民族的な祝祭日〕には故郷が懐かしくなるものだ。特に一人寂しく外国暮らしをしなければならない彼女たちの心境は、想像するにあまりある。韓国料理を振舞って彼女たちを慰めたかった。秋夕の時はチャプチェとソンピョン[13]を食べたいというので、韓国人が運営する餅精米所でソ

12　陰暦八月一五日、日本のお盆に当たる。
13　うるち米の粉を練り餡を入れて、松葉を敷いた蒸し窯で蒸した餅。

ンピョンを注文し、手に入る材料は最大限手に入れてチャプチェを作り、サンジョクも焼いた。久しぶりに作ったチャプチェの味は今ひとつであり、サンジョクはところどころ焦げていたし、ソンピョンは精米所のミスでほかの場所に配達された。メルボルン市内の韓国餅屋を探し回って餅を何個かずつ買うしかなかった。私たちはおいしくないからと渡すのを躊躇したが、オンニたちは心のこもった食べ物に感動して、おいしく食べた、秋夕だから故郷を思い出す、家に帰りたい、ありがとう、と言って涙ぐんだ。

オーストラリアでの日程が終わりに近づいたころ、メルボルン郊外にあるダンデノン地域にアウトリーチに出かけた。メルボルン市内から車で二、三時間移動しなければならないくらいの、けっこうな距離だった。市内から相当離れているので、現地の団体の協力も得にくかった。現地の団体の協力がない状態で店に入るのは不安ではあったけれど、同時に気持ちが高ぶりもした。ダンデノンは工業地帯で、韓国の産業団地のような所だった。そこは工場を中心にきれいに区画整理されており、性売買の店は工場付近に一店ずつ、何キロかの間隔で存在していた。まるで軍隊の兵舎が並んでいる所にある慰安所のようだった。韓国女性とアジアの女性たちが混じっている四店を訪問した。はるばる時間をかけてこの地域までやってきたというのに、女性たちと会えた時間はそれほど長くはなかった。

　店から店へと移動する道では、日常生活をする人びとの息遣いが感じられなかった。時たま一、二台の車が通り過ぎるのを目撃して、人の住む街なのだと感じる程度だった。何時間移動してもバスが目につかず、そこは一度足を踏み入れたら最後、永遠に出ることができないゲットーのようだった。

　人の姿もなく、言葉も通じない、交通手段もほとんどない所で、女性たちが抜け出すことのできる道は、店長や買春者の「恩恵」にすがることしかないように思えた。死んで社会的に葬られたとしても、誰にも知られることがないのではという恐怖に襲われた。こうした思いを反映するかのように、山は霧で覆われていた。私たちは霧を縫うように近くの山の頂上に登った。山では雨がしとしとと降り続き、風も強く、人の気配もなかった。一寸先も見えない霧の中で道をさまよう私たちの姿は、ともすると女性たちが置かれた身の上と同じではないか。

　こんな現実をオーストラリア領事館〔韓国〕は知っているのだろうか。私たちはメルボルン領事に会った。思いやりがあって優しそうに見えたので、このような人ならここにいる韓国人たちの状況を理解し、支援もしてくれるだろうと思った。しかし話すうちに期待は失望へと変わった。女性たちがどんな方法でどんなビザで入国するのか、まったく把握できていなかったのだ。そうして性売買女性たちに対する考えと無知を、恥ずかしげもなくさらけ出した。領事たちはオーストラリア政府から知らされた合法的な店の住所以外、何も知らなかったのである。むなしさと無駄に時間を浪費したという思いで、やりきれなさが押し寄せてきた。ここでも性売買女性たちは大韓民国の国民ではなかった。

シムトを開く

サルリムに来るオンニたちが増えると共に、悩みも増えていった。オンニたちが店を出たとしても、適した居場所がなかったのだ。急いで避難できる場所が必要な事件が起こった場合は、一日、二日くらいであれば近所のビジネスホテルや活動家の家にしばらく身を寄せた。しかし活動家の家に何日もいるのは限界があるので、主にビジネスホテルを利用した。ただ、オンニがビジネスホテルにいるあいだに、店長と貸金業者など関係者に発覚して連れ戻されたり、自殺をしたりする心配があり、一人で置いておくわけにはいかなかった。活動家は個人の生活からしばらく離れて、ビジネスホテルでオンニと寝食を共にし、食事はもちろんのこと、生活用品、ホテル代まで個人で負担した。

緊急でない場合は、釜山地域の女性暴力防止施設に連れていった。しかし適応してもらうのがなかなか難しかった。オンニたちは「施設が変わるたびに自分の話をしなければならない」とか、「私たちの事情を知らない所に行っても、私たちのこと分かってくれないじゃない」「病院に行きたいのに行けない。それに性的被害もちゃんと話せない」と、訴えた。

性売買女性たちは普通、一つの店で短い時で一日か二日、長くて何か月か留まったあと、紹介所、銭主と店長同士のつながりを通して、全国津々浦々に売買される。したがって一年性売買を経験するだけで、通り過ぎた店は数十か所に上る計算になる。全国に売られていく身の上となった女性たちは、家族とは長い間連絡を絶ったまま関係が切れた状態なので、家族のもとに帰っていくことができない。店長は紹介業者を通して女性たちを買い、紹介業者は女性たちを店に売り渡して紹介料を受け取る。その過程で女性たちは、前払金のみならず、店から各種の不当な手数料を取られ、それが原因で借金が雪だるま式に増え続ける。前払金と紹介料などによって経済的な監禁状態に置かれた女性たちが店から脱出すると、店の関係者は血眼になって彼女たちを探し出そうとする。こんな状態で安全とは言えない場所に女性たちが滞在していると、拉致されたり島嶼や僻地など、人里離れた所に売られていってしまう。こういった危険な状況は避けなければならないので、店の関係者に絶対知られない場所や、活動家と接して心理的な平穏を得られる、彼女たちだけの空間が必要だ。

そんなわけで私たちは、さまざまな公益財団などから支援を受けようといろいろな方法をためしてみたが、ことごとく失敗した。そうするうちに、韓国女性団体連合〔一九八七年に結成された進歩系女性団体の連合体〕の「女性シムト支援事業」プロジェクトが公開された〔シムトはシェルターのこと〕。何日間か昼夜を分かたず事業計画書作成に没頭した。「当然私たちが採用される」「釜山地域で私たちじゃなければできる団体はない」と考え、自信を持って提出した。そしてその気持ちは実を結んだ。過去の実績や団体の財務状況等を見るという、既存の方式に縛られない団体で進められたので、可能なことだった。熱意と実力、それに心のこもった切実な思いが成果につながったのだった〔二〇〇四年一月、シムト開院。巻末年表参照〕。

シムトの年長者であり責任者でもある院長とは、釜山地域女性活動家の集まりで偶然出会ったことで関わりを持つことができた。度量があり闊達な性格でそれなりに年齢も重ねているうえに、暴力被害者施設の院長としての経験があるので、シムトの責任者として最適だった。真冬の身を刺すような強い風が吹くなかで、苦労の末にシムトとなる家を手に入れた。すると彼女は、「うわ、私はついている。こんな家、どこでも手に入れられるものじゃない」と、明るく笑った。厳しい寒さと冷気が伝わる床を何日もかけて掃除したので、活動家たちの手はがちがちに冷え切ってしまった。ワックスと洗剤で服がまだらに汚れたけれど、全然気にならなかった。

しかしこんな幸せも長く続かなかった。民間団体事業資格が取れたとしても、区役所にシムトの設置届を出さなければならなかった。区役所の担当者は法的な施設基準に適合しているか、シムトの隅々を一つひとつ几帳面に物差しで測った。そして何の問題もないと戻っていったが、すぐに、入居するビルが無許可で用途変更されているので、届け出を受け付けられないと連絡があった。私たちは茫然自失した。

かといって諦めるわけにはいかなかった。一年分の予算は獲得していたので、財政的な問題はなかった。とりあえずシムトの運営を始めた。一生懸命やればまた予算をもらえるだろうし、ほかの道を探すこともできるだろうと、互いに慰め合った。院長は、こうした状況に陥ったのは自分のせいだと、夢の話をした。「これから何年かは大変だろうに、私が悪い夢を見たせいで台無しにしてしまった。所長さん、どうしたらいい」と言うので、私は「どうするも何も、とにかくやることです。夢の中に道があるものです。夢見る人にしか希望は持てないし、道を探すことはできません」と、応えた。

草創期のシムトは三階にあったが、エレベーターがなかった。二階にはネットカフェがあり、ビルの出入口は薄暗く、階段には鉄格子を連想させる手すりがあったので、オンニたちは中に入るだけで怖がった。私と院長が一目で気に入って契約したのだが、あの時どうしてあんなに気に入ったのか、今でも理解できない。思い返してみると、不安な気持ちで薄暗い階段を上っていき、ドアを開けると意外に広々とした部屋と台所があったのが、気に入ったのかもしれなかった。

シムトに必要な台所用品や生活必需品、食料品の購入などの買い物は、車があるという理由で私が担当することになった。エレベーターがないので、冬はキムチを漬けるために買った百株の白菜をオンニたちと一緒に三階まで運んだために、疲労困憊して何日も横になったりしていた。また名節にオンニたちと一緒に食事を作り、互いに腕前を自慢したりけなしたりしながら、各自の技量と好みに合わせてチヂミを作ったりもした。そして一か月に一度ずつ、シムトで生活しているオンニたちと活動家たちが、サムギョプサルパーティーを開いた。パーティーのあと一緒にカラオケに行き、歌を歌いダンスをして、ありとあらゆる珍技妙技を披露し合った。私たちが大騒ぎしている様子を見て衝撃を受けた新人活動家が、サルリムを辞めたこともある。しかしオンニたちと活動家たちは、こうした日常を通して親しくなっていったのだった。

そのころオンニたちは、クロスステッチに夢中になっていた。一度やり始めると、周りの人たちに目もくれないくらい没頭していた。私はオンニたちのクロスステッチの恩恵を受けた者である。息子の誕生日にオンニたちを招待するにあたって、「うわー、素敵なクロスステッチ。オンニ、本当に上手ね。私がもらってはだめ?」と、それとなく催促したところ、おねだりが通じたようで、オンニたちは息子の誕生日に手作りのクロスステッチを持ってきてくれた。そのうちの枕は、息子が小学校に入学するまで毎日抱いて寝ていた。七年余り心身共に安らかな気持ちにしてくれた枕は、破れてぼろぼろになり、息子に手放すようしつこく言い続けたのだが、簡単ではなかった。しばらくトラの枕で誤魔化したあと捨てたけれど、息子は長いあいだ枕を恋しがって眠れなかった。

シムトは二年間届け出をしないままだったが、家主との契約期間が終わったあと、女性部（女性家族部）[14]の支援を受け、庭に幾種類もの樹木と芝生が植えてある広い住宅に移った。裏庭の空き地にはサンチュとコチュを植え、秋になると柿が鈴なりに実り、冬に雪が降ると雪だるまを作ることができる、自然豊かな住宅だった。オンニたちが心理的に落ち着いて暮らせる場所だったのに、契約期間が終わったためにまた引っ越すことになり、以後も何回か引っ越しをしなければならなかった。

14　女性政策の企画・統括、家庭内暴力・性暴力防止及び被害者保護、性売買行為防止、男女差別の禁止・救済など、女性の地位向上に関する事務を司る韓国の中央行政機関。二〇〇一年に正式に設置、のちに女性家族部に改編。

トピアリーを作って自活を夢見る

玩月洞のオンニたちとの出会いはスムーズに進み、たくさんのオンニが店を出た。ある日オンニが、「四十万ウォン（性売買防止法施行後、玩月洞集結地自活支援事業が始まり、女性部から玩月洞の女性たちに、一か月四十万ウォンの生活費が一年間支給された）もらったところで、どうやって生活するの。行く所もないし何をして食べていけばいいいんだろう」と言って、自分が置かれた境遇を訴えた。

店を出たオンニたちは店での経験が十年以上にのぼるが、その多くが中学校を中退しただけだった。オンニたちが店から出るのは簡単ではない。特に二〇年、三〇年以上そこにいた五〇代以上のオンニたちには、生きてきた痕跡と社会的関係はその空間にしかなかった。そこを抜け出すということは、それまで生きてきた生の基盤を捨てることであり、積み重ねてきた社会的関係が断絶することを意味する。オンニたちにとっては、ともすると、自分の命を懸けた脱出に変わりないと言えた。

勇気を出して脱出を敢行した彼女たちは、毎月家賃を払いながら一間《ひとま》の部屋でどうにかこうにか生活を維持していた。彼女たちは毎日サルリムにやってきた。「知り合いもいないし、行く当てもない、何をしていいのか分からない。あそこに何十年もいたわけだから、今更私に何ができるというの。こんなことしていると月々の家賃も払えないし、飢え死にしてしまう」と言うのだった。私にはこんな言葉が愚痴に聞こえたけれど、オンニたちは必死だったのだろう。彼女たちは日雇いの仕事に就きながら、一日一日を生きていく「その日暮らしの人生」を続けていた。

私たちが彼女たちの人生のすべてに責任を負うことはできない。とはいえ店の生活に疲れ切ったオンニたちには、ほんの少しの期間でも安定した仕事先でお金を稼ぎ、将来続けていける仕事を探すために職業訓練も受け、傷ついた心を慰め、行きたい時には行くことのできる場所、働きながら休める空間が必要だった。私たちはあれこれ問いただすことなく、支援金を使ってオンニたちが集まることのできる場所を手に入れた。

玩月洞の女性たちが制作したトピアリー。地域の祭りで販売するために陳列台に展示（2006 年撮影）

四人のオンニと三人の活動家が集まった。自活チーム長を任せられた活動家は、サルリム創設期から活動家たちの行動を撮影してきたボランティア支援者だった。彼女はオンニたちを上手に迎え入れ、オンニたちの強烈な性格をカリスマ的に掌握する剛毅さをも持ち合わせていた。そしてオンニたちに心から好意を持つと共に彼女たちを愛した。彼女の気持ちはオンニたちにも伝わり全面的に支持された。オンニたちから全幅の信頼を得た彼女は、自活支援センターのセンター長になった。

オンニたちは特にトピアリー（樹木を

刈り込んで動物や幾何学的な模様をつくった造形物）作りが好きだった。自活支援センターでもまずは彼女たちが好きなことから始めようと、出退勤時間を決めとりあえず集まって作り始めた。トピアリー作りは職業訓練課程のなかでも、オンニたちが一番興味を持ち大勢が参加したものだった。彼女たちはトピアリーを作って活動家にプレゼントし、「今日初めて作ったんだけど、〇〇に最初にあげたかった。上手にできたでしょ」と、満足気だった。こんな姿を見て、情にもろい活動家は、つい、トピアリーをたくさん買ってしまうのだった。その頃、私の家のベランダにある植木鉢の八割方がトピアリーだった。バザーに参加すると、オンニたちから「所長さんが魔法をかけてくれるとたくさん売れるから、今日の商売繁盛を願うんだったら、最初に買って」と、強引に勧められた。すると私は負けたふりをして、「はい、たくさん売ってください。大事に育てます。なんてかわいい、上手に作りましたね」と応えながら、喜んで買うのだった。

オンニたちは毎日出勤してトピアリーを作り、昼食時には床に新聞紙を敷いてサムギョプサルを焼いて食べ、焼酎を飲みながら興が湧くと箸とスプーンで拍子をとって歌を歌った。ユッチャペギ[15]の内容には、オンニたちが経てきた人生の哀歓が籠っていた。

オンニたちはここで仕事をしながら、時間があると食堂の接客、サウナや商店、モーテルの掃除、ブティックの店員など、臨時職や日雇いとして働いていた。臨時職・日雇いで得た金、五〇〜六〇万ウォンとサルリムから支給される三〇万ウォンで一か月過ごした。申し訳なく心苦しくて「オンニ、これだけで生活できますか。家賃を払うといくらも残らないでしょうに」と言うと、オンニは「このお金は貴重なお金よ。あそこでは一か月に何百万ウォン稼いでも、自分の手元には入ってこないんだから。でも、今はきっちり私の手元にあるからね。このお金はあそこで稼いだお金よりずっと価値がある。お腹を空かすことなく死なずに生活できるんだから、心配しなくていいよ」と、自信ありげに応じるのだった。オンニのうちの一人は、自活支援センターで三年間働き、店から借りた金、二千万ウォンを全部返した。本当にすごいオンニだった。

政府の支援金がないまま一年余り運営していたが、支援金を受けられるようになると、

15　農夫や畑を耕す女性たちが素朴に歌っていた全羅道民謡。

オンニたちはすぐにアルバイトを辞めて、毎日出勤するようになった。一〇時に出勤し五時に退勤することでオンニたちと合意し、本格的に錨を上げた。

オンニたちは懸命に誠実に、担当の仕事をやり遂げていった。大雨が降りしきる夏の日、月十万ウォンの一間に住んでいたオンニは、家が心配だと仕事を中断して急いで家に向かった。部屋と台所が水浸しになっていたのに落ち着いて片づけたあと、何事もなかったかのように笑って戻ってきた。そして途中だった仕事をきちんと終わらせた。

オンニたちは「出勤時間に遅れないように、バスに乗るために走った。お金がなくてつらいこともあるけど、でも幸せだ」「店にいた時はほかの仕事に就くのが夢だった。今こうして仕事をしていられるなんて、生涯でこんなことは初めてだ」と、ほがらかに笑った。

少しずつ社会とつながりを持つ

オンニたちがトピアリー作りの実力をどんどん上げている頃、トピアリー・バザーを開いたところ、その場で、何と一日五〇万ウォンという予想もしなかった収益を上げた。これに自信を得たオンニたちは、トピアリー制作と販売を職業にしようと思い立った。一生懸命作ればたくさん売れるのではないかと考えたのである。五月は父母の日と子どもの日があるので、一日に五〇万ウォンは売れるだろうと踏んだのだった。しかしその後は、五万ウォンを超えるのも難しかった。オンニたちは時間が経つにつれて、一日二万ウォンを得ることすら困難だと悟った。

これはだめだと思って「オンニ、どうしてトピアリーを作ったのですか。これを作るのが好きなのですか」と尋ねた。オンニたちを説得して業種を変えてみようと考えたのだ。

それなのに「これ、水をやって青々と苔が生えるとどんなにきれいか。植物も新芽が伸びるのを見ると、すごく不思議な気がする。一日に何度か眺めるけど、こうして苔を育てていると心配なんてなくなる。穏やかな気持ちになる」と言うではないか。オンニたちは、トピアリーをやめるなんて思ってもいないのだった。説得しようとしたのが、逆に説得されてしまった。仕方なく技術を磨くために引き続き講師を招き、ほかの関連業種に関心を持ってもらえるよう誘導した。

オンニたちと一緒に市場調査をし、卸売市場に食い込むために血のにじむような努力をした。そのうちうまく取引が成立し、「これで何とかなる」と安堵の胸を撫でおろした。しかし卸売市場は過酷だった。価格を容赦なく下げられ、利潤が残らない状況になってしまった。大量注文に有頂天になっていたオンニたちは、いくらも経たないうちに、あんなに大好きでいとおしんだトピアリーを鷲づかみにして投げつけ、罵って大声を上げ始めた。そして、互いに顔を合わせれば喧嘩を始めるという日が何日か続いた。トピアリーが大好きなあまりに、それを諦めきれない思いと怒りがない交ぜとなって爆発したわけだ。状況が深刻になると「三回アウト制」まで導入した。三回以上罵ると自活センターから出なければならないと決めたのだが、そんなことをしたところで守られはしなかった。期待した分落胆の気持ちが大きかったようだ。

そうこうしていたある日のこと、大型ディスカウントストアーの入店企業との取引が成立した。私たちは入店記念にトピアリー作りの体験講座を開いた。一週間に三〇万ウォン稼いだが、入店企業が不渡りを出して店を閉め、社長が姿をくらましてしまった。この事件で大きな挫折を経験したけれども、体験講座をやってみたおかげで希望を持つことができた。トピアリーを作るために列を作って待っていた子どもたちに誠意を込めて教えたことで、オンニたちは自信とやりがいを持てるようになったのだ。トピアリー作りはとても大変な作業だったが、オンニたちは諦めなかった。むしろ技術力が向上したおかげで、大型トピアリーまで作る専門家に成長したのだった。

トピアリーを通して社会と結びついたオンニたちにとっては、その行動が内面を磨く原動力になった。とはいえ、トピアリー作りは明らかに限界があった。生活必需品ではないので、市場が小さかったのだ。労働部[16]の社会的職業事業が終わると共に、トピアリー製作も中断してしまった。オンニたちと何回か討論し厳しく分析した結果、心残りではあるけれど手離すことにした。それからは手作り天然石鹸製造など、ハンドメイドの技術を高めながら「商品」を製作し始めた。オンニたちの作る作品を展示するだけにとどめておくには、商品は上品[17]過ぎた。そこで二〇一〇年に、〇〇という商号で店を開いた。〇〇は自活センターで作られる物品の販売と収益を担当する部門で、オンニたちが社会とつながる窓口となった。

16　雇用労働部の略、日本の旧労働省に相当。
17　韓国語では、「商品（상품）」と「上品（상품）」は共に発音が「サンプム」。ここでは「上物」という意味で使われている。

オンニたち、先生になる

オンニたちはコミュニケーション、フェミニズム、心理的ケア、リーダーシップなどの分野を学んだ。多様な分野の学習を通して少しずつ積み上げてきた知識をもとに、低所得層放課後教室、住民センター、福祉館、療養所、老人福祉施設、結婚移民者、青少年支援センター等で、トピアリー作りの講座を始めた。

講義初日、オンニのうちの一人が、ファンデーションをまだらに塗りたくり、濃いピンクの口紅を引いた顔で現れた。果敢にも、いわゆる「接客用メイク」をして現れたのだ。特に唇が目につき過ぎた。困惑した私たちはすぐに言葉が出ず、オンニが傷つきはしないか気を使いながら、「オンニ、口紅がちょっと」と言うと、オンニは「うん、やっぱりね」と応えて、素直に薄い口紅に塗り替えた。それからも何回かこんなことが繰り返された。「このままでは困る」と思い、メイキャップをはじめとして衣装、ヘアスタイルなどの講習を受けてもらうことにした。そうしてオンニたちの化粧と服装を変えていった。

講義をするうちに自信を持てるようになっていったが、出かけるたびに緊張するのはどうしようもなかった。「人前で話すとすごく緊張する。だから精神安定剤を飲んでから講義をしたことが何回かある。薬を飲まないと落ち着かなくて震えが止まらないわけよ。やってみると何でもないんだけどね」と言うのだった。「大変だけど、終わると満たされた気持ちになる、講義するなんて気が重かったけど、またやってみたくなる。私たちはどこでも先生って呼ばれるわけじゃないし。おばあさんやおじいさんから『先生、やってみてください』とか、子どもたちから『先生、これはどうしたらいいのですか。教えてくださいい』と言われると、『私がここで学んだことを人に教えるなんて、やりがいがある』と思う」と、満足げだった。

このように熱心に続けるオンニもいたけれど、講義するのを怖がって「行方をくらます」オンニもいた。行方をくらましたオンニとは連絡もつかず、家に行ってもいなかった。代わりに講義を担当したオンニは不平不満を並べながらも、しぶしぶ講義に出て行った。私たちはオンニたちをいたわり気持ちを落ち着かせるために、あたふたしながらさまざまな工夫を重ねた。

講義は、だいたい地域児童センターや女性暴力被害者支援施設で行われた。オンニたちは子どもたちに会う前から先入観を持っていた。「私が先入観を持って子どもたちを見ていたみたい。世間の人たちは私を性売買女性という先入観を持って見ているじゃない。でも、私だって先入観を持っていたんだなって気づいて、『自分だって同じじゃないか』と思った。子どもたちを見ていると、つらい環境のなかでも明るく育っているんだから、変に先入観を持つ必要はなかったわけよ。あの子たちにまた会う機会があったり、似たような被害に遭っている子たちに会ったら、私が先に心を開かなくちゃ。子どもたちだけでなく、私も心が慰められるような気がする」と言って、自分の過去を思い出しながら語っていた。

オンニたちは講座の時に出会った青少年たちを自分の職場に連れてきたり、食事もさせていた。そうして「あの子たちを見ていると、私の十代のころを思い出す。もっと気を配って面倒をみたい」と言うのだった。

第二章

玩月洞と向き合う

ビルが林立する玩月洞の最近の姿。（2009 年撮影）

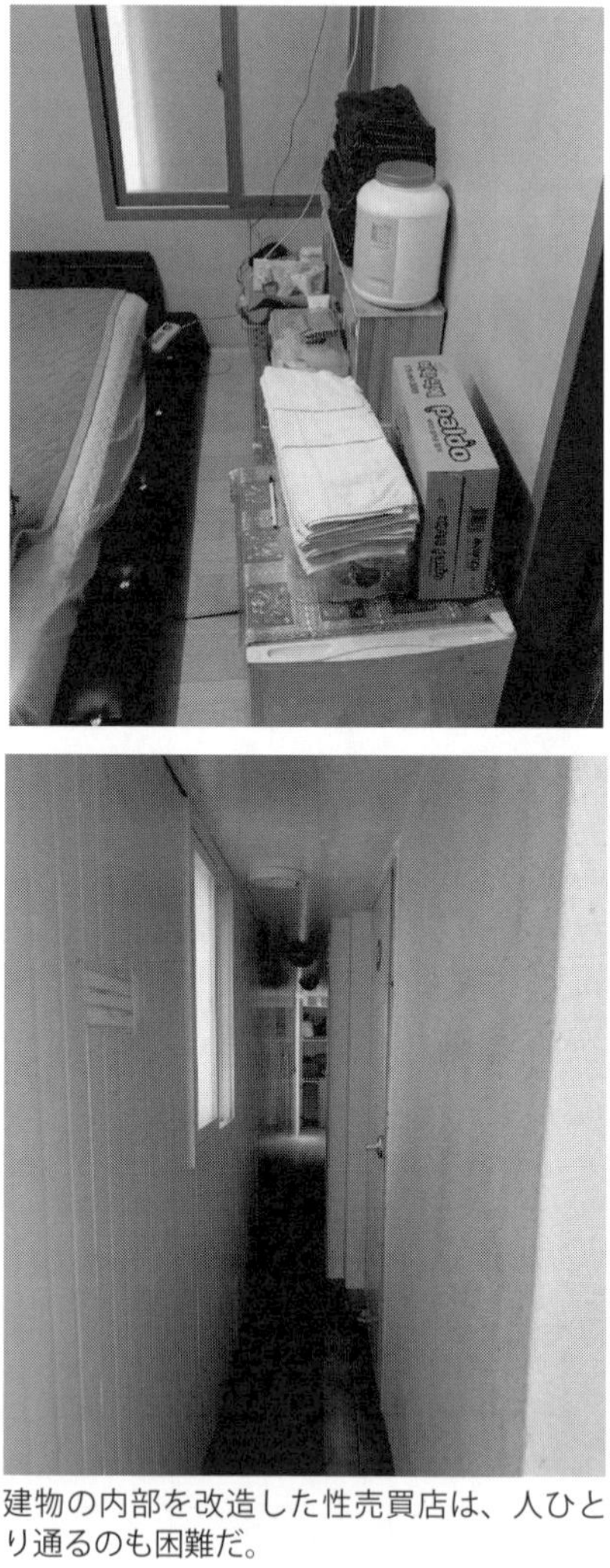

建物の内部を改造した性売買店は、人ひとり通るのも困難だ。

朝鮮半島最初の遊廓、東洋最大の性売買集結地

深夜、釜山で最初に作られたと言われる自動車の通る道、松島《ソンド》ウィッキル[1]（天馬路）に沿って上りながら右側を見ると、住宅街と商店のあいだの路地にピンクの灯りが見える。それはずいぶん遠くまで続いている。ここが釜山広域市西区《ソグ》草場洞《チョジャンドン》・忠武洞《チュンムドン》一帯の性売買集結地、玩月洞である。玩月洞は現在地名としては存在せず、いつ、どこから始まったのかも明らかではない。

昔この地域は、南富民洞《ナムブミンドン》・土城洞《トソンドン》一帯を含めて、「セッティ」または「セット」[2]と呼ばれた所で、アシやススキが生い茂る野原だった。朝鮮時代後期には国が放牧場を設けて馬

1　「윗길」。「上の道」という意味。
2　「샛디」「샛터」。両方とも「明るく開けた場」という意味。

を飼っていた。一九〇二年、日本はこんにちの光復洞《クァンボクトン》・新昌洞《シンチャンドン》地域である釜山富平町一丁目一帯に遊廓を設置したが、手狭になったために峨嵋山《アミサン》下に遊廓を移し、「緑町《みどりまち》」と呼んだ。昔この辺り一帯が緑の野原だったことに由来する地名である。

玩月洞は朝鮮半島最初の性売買集結地であり、日本の植民地時代に雨後の筍のごとく生まれた遊廓の中でも、全国的な規模を誇った。日本人が作った所だったので、〔植民地〕解放後[3]に所有権が朝鮮人に渡った。当時朝鮮半島に駐屯していた米軍は、公娼制（国家の許可の下、合法的に行われていた性売買行為。日本の植民地時代だった一九一六年「貸座敷娼妓取締規則」により公娼制確立）廃止に中途半端な態度で臨み、この期間に性売買営業は急速に広がった。その後、一九四八年の公娼制度等廃止令によって公娼は廃止されたが、性売買店が残っていたそこは、自然と私娼（国家の許可なく秘密裏になされる性売買行為）に変わった。朝鮮戦争時代に出入りしていた米軍人は、日本人が使っていた地名の「緑町」を英語式表現でグリーンストリート（green street）と呼んでもいた。

3　一九四五年八月、日本が戦争に負けると同時に朝鮮が日本の植民地支配から解放されたことを言う。

写真絵葉書に写る緑町通り。緑町遊廓の様子がわかる。
【国際日本文化研究センター提供、山本俊介氏所蔵「朝鮮写真絵はがき」】

一九七〇年代の玩月洞関連資料を見ると、玩月洞には一二四か所の性売買店があって一二五〇人余りの女性が性病治療を受けており、そのほかに六百人余りの女性が未登録のまま性売買をしていたと書かれている。大きな所は一か所につき三五人、小さな所では二人ほどの女性がいた。部屋ごとにエアコン、冷蔵庫、レコードプレーヤー、水洗トイレ兼浴室、西洋式ベッドなどがあったことから、主に外国人観光客を相手にしていたと推測される。当時の女性の生活は、今と大きく変わらなかった。午前中に性病定期検診を受け、午後三時から化粧を始め、四時を過ぎるとどんな女も店の正門を通させないという禁止事項があったという。また、秋夕に自分の意思であるいは別の理由によって故郷に帰ることができない者たちが、バンドを招いてダンスをする姿は、まるで結婚式場の舞踏会を思わせるほどだったという。

『韓国の発見―釜山』西区編〔プリキップンナム、一九七六年〕には次のように記載されている。

一九八〇年代を前後に玩月洞は、「朝鮮半島最初の遊廓」から「東洋最大の私娼街」へと変貌を遂げ大繁栄していた。このように巨大化するに至ったのは、ほかの私娼街と違ってここが「外賓接待用」私娼街としての性格を帯びていたからだ。たとえば米軍航空母艦のミッドウェー号入港の際に次々と現れる米軍人、「団体観光旅行」でこの地に足を踏み入れる日本人といったたぐいである。いずれにせよ玩月洞は、円とドルを稼ぐからという口実で、韓国では唯一官庁が黙認しているだけでなく、実際には官庁から「保護」されている「私娼街」だと言えた。

（……）かといって、ここで「働く」女性が金をたくさん稼いでいると考えるのは間違いである。私娼街の女性はよく言われるように、普通一七歳から二一、二三歳までであり、金を稼ぐなんてことはできていない。彼女たちが受け取る「花代」〔性売買の対価。日本由来の用語〕は、店の施設がどれだけ清潔で順調に稼働しているのかによって多少差があるが、だいたい客が一晩泊まる場合は二万ウォンから三万ウォンのあいだ、寄っていくだけなら一万ウォンを受け取る。したがって一か月に稼ぐ額はおおよそ二十五万ウォンから百万ウォン近くになる。ここから部屋代として十二万ウォンから二十万ウォン、食事代で四万ウォンから九万ウォン、掃除代で一万五千ウォン程度が引かれ、そこに案内人への謝礼という名目で収入の一割ほどが引かれると、普通四十万ウォン近くの金が消えてしまう。そう考えると、三、四か月働いても百万ウォンを超える額を手にするのも困難なだけでなく、一歩間違えるとむしろ借金だけを背負うことになりかねないのである。

ジャーナリスト、ホン・ソンチョルの『遊廓の歴史〔ペーパーロード、二〇〇七年（未邦訳）〕』では、玩月洞に関して次のように言及されている。

玩月洞の店主たちは地域の有力者として名声を博していたが、その一方で一九七〇年代から八〇年代に、この一帯の旅館の所有主たちは「熊手で金をかき集めた」と言われていたほどだった。旅館の所有主たちは一軒二軒とビルを増築していき、そうしてその一帯には五階から七階建てのビルが矢継ぎ早に建ち並んだ。一九七六年六月付の国際新聞の記事によると、玩月洞に大規模な旅館村が作られ始めたのは一九七六年ごろとみられる。三年後の一九七九年に三一棟のビルが区役所の許可なく建てられ、二十棟はそもそも建築許可すら下りなかった

一九九〇年半ばに淪落行為等防止法が改正されて、買春者も処罰されるという条項が新設される[4]と、性売買女性の数は一時的に減りはしたが、女性のおかれた境遇が改善されるわけではなかった。新聞記事では、人身売買によって拉致し、玩月洞に女性を売り飛ばす一団が検挙されたという事件が、時たま報道されていた。

4　一九九五年同法改正による。ただし買春者への実質的な処罰は全く行われず、その処罰は性売買防止法の制定・施行（二〇〇四年）を待たなければならなかった。本書監修者解説参照。

二〇〇〇年代には、八十余りの店に九百人を超える女性がいた。エレベーターがある、増築を重ねた四階以上のビルに店があり、部屋の数は多い所で三十ばかり、部屋ごとにシャワーの付いたトイレが備えられているワンルーム式だった。前払金が一千万ウォン以上になる女性が各地から売られてきていて、多くが二十代の女性だった。性売買の斡旋は店主が直接行うのではなく、「ナカイイモ（買春者を「釣って来る（낚아 온다ナッカオンダ）という意味、別名「玄関イモ」）」と呼ばれる、主に四、五十代の客引き専門の女性が行った。松島ウィッキル沿いの看板のないいくつかの店では、高齢（六、七十代）の女性が前払金なしで、「生計型」で性売買をしていた。併せて「忠草会」[5]という抱主たちの組合も活動していた。

サルリムの資料によると、二〇〇七年までは〇〇荘といった店名があったが、店主たちが警察の取り締まりを恐れたからか、看板の表面を全部何らかの形で覆って店名が分からないようにしたという。二〇一九年を基準にして店の数は約四二軒あり、その多くは無許可だった。それらは五、六階建てのビルでエレベーターが設置され、区役所には旅館及び

5　忠武洞と草場洞を合わせた名称。権力機関へのロビー活動、捜査揉み消し、また奨学会を作ってボランティア活動も行っている（本書四四ページ参照）。

住宅として申告されている。ビルの一階にはガラス部屋があり、買春者が来ると主に玄関イモが案内者の役割をする。店主とビルの持ち主が一緒だったり、店主が何軒かのビルを借りて女性たちを管理しながら、ビルの持ち主に一か月ずつ賃貸形式で家賃を払っている所もある。規模の大きい店では八人から一二人の女性がおり、店一軒当たり平均三人から四人、全体では二百から二四〇人程度の女性がいたようだ。店一軒当たり一か月に少なくとも一千万ウォン以上の収益を上げており、大勢の女性がいる場合は、それより高い収益を上げていると推測される。一部の店では、休日も女性全体にポク費（欠勤費）〔二一四頁、チャポク費参照〕、またはオール費（買春者が女性と一日一緒にいることを条件に払う買春費用）を課し、七十万ウォンから一五〇万ウォンを受け取っている。

忠草会に加入している店は、部屋代七十万から百万ウォンを店主に払い、五対五で分配される。会に加入していない店は下宿制で運営し、女性たちが一か月に最低一五〇万ウォンから最高二五〇万ウォンまでの部屋代を出し、買春者から代金を直接受け取る形で運営されている。しかし主に高齢女性が起居している店の場合は、買春者がそれほどたくさん来るわけではないので、女性たちの収入は少ない。それなのに部屋代は出し続けなければならない、という状況が起きてきている。女性たちの年齢は二十から三十代が全体の六十から七十パーセント、四十から五十代が二十から三十パーセント、六十代以上が五から十パーセントと推算される。

真っ赤な灯りとウェディングドレス

玩月洞の「玩」は弄ぶ、所有して遊ぶ、「月」は女性を象徴する隠喩的な表現で、「女性を手にして遊ぶ」という意味だ。そこは昼は静かで人の気配がなくほとんど目にしないのに、夜になると不夜城へと一変する。買春者、店の関係者、周辺にいる少数の商人と公権力を執行する者以外は近寄りがたい場所だ。また外部と断絶した孤独な城、隠蔽された空間であり、沈黙を強要する無法な状態が蔓延し、不当な権力と不正義があちこちにはびこっている所でもある。真昼にそこに入り込むと、陽が落ちたあとの共同墓地のように、冷え冷えとしたうすら寒さがひたひたと押し寄せてくる所でもある。

周りの知人からだけでなく、いくつかの経路を通して知りえた玩月洞に関する情報は、私に漠然とした恐怖を与えた。そうしているうちに、二〇〇一年のこと、玩月洞の店が火事になり何人かの女性が亡くなるという事件が起こった。新聞記事では、「亡くなった人たちは廊下と部屋の窓から逃げ出そうとしたが、唯一の非常通路である中央階段及び廊下の幅が一・二メートル程度と狭いだけでなく、三三の客室と廊下の窓には、女性たちが逃げるのを防ぐためにアルミニウムでできた格子が設置されており、非常脱出口の役割をきちんと果たさなかった」と書かれていた。脱出口がなく監禁状態のまま、火事に遭ってもなすすべがなかった女性たちの境遇がメディアを通して明らかになると、私は怒り心頭に発した。地域の女性団体は、火の手から生き残った女性たちに会った。女性たちは、店で不当に搾取されていたことを知らせる記者会見を開いた。女性団体は玩月洞に行って抗議行動をおこなった。真昼というのに互いの足音が聞こえるくらい静かで長い沈黙が、トンネ全体を包んでいた。まるでだれも住んでいない、あらゆるものが去ってしまった凍土の地のようだった。

私たちはトンネを回りながら、「女性の権利を保障しろ」「監禁するな」「店主を拘束せよ」というスローガンを叫び、その声はビルのあいだに広がりやまびこのようになって、私たちの元に戻ってきた。誰も聞いてくれず、聞きたがらない、隙間なく塞がれた城壁の前で、私たちは巨大な力と偏見とに向き合っていた。

　玩月洞から戻ったあと、私は悪夢にうなされ続けた。忘れようとすればするほど、その悪夢はより強く私に近づいてきた。そうこうしているあいだに、二〇〇二年に性売買集結地〔全羅北道〕の群山開福洞《クンサンケボクトン》火災事件が起きた。火災現場から女性たち直筆の手紙が発見され、その内容がメディアを通じて連日報道された。性売買店で業者の思いのままに扱われていた女性たちの人権蹂躙がイシューとなった。このような状況が続くと、警察と公務員たちは、集結地の女性たちが店で人権蹂躙に遭っている実態（女性たちの住む宿所出入口の鍵の位置、部屋ごとに窓が設置されており、火災時に非常口が確保されているか、自由に外出できるのか、人身売買された人はいないか、暴力、虐待、金銭をゆすり取られていないか、など）を把握する必要に迫られた。私は警官や公務員たちと共に、女性の人権蹂躙の実態を把握するために、玩月洞に行くようになった。

　入り口に玩月洞店主協会（忠草会）の総務が迎えに出ており、私たちは総務の案内でトンネを見て回った。静まり返っていた昼とは異なり、夜は八〇か所余りの店がきらびやかに灯りを点していた。

一階のミス部屋は精肉店のように真っ赤な灯りが点されていて、バービー人形を連想させる、ウェディングドレスを着た女性を陳列している店が並んでいた。呼び込みをする玄関イモ、店を管理するサムチョン[6]、彼女らをトンネの隅々から監視する見えない視線、そして買春者たちが、自分たちなりの目的に向かって好き勝手に動いていた。

夜に見たその現場は衝撃的だった。短時間ではあったが、そこで経験したことは消えることのない心の傷として残った。初めて行った玩月洞で受けた強烈な印象は今も私の心の中に刻みつけられ、ふとした拍子で怒りが湧きあがってくることがある。また、よく似た場面に出くわしたり、無意識のうちに思い出したりして、感情を刺激したりすることもある。

6　「血のつながった親戚のおじさん」を意味する。親族名称を使うことで女性たちの自立心をそごうとしている（性売買経験当事者ネットワーク・ムンチ著『無限発話』一八二頁参照）。

解語花《ヘオファ》オンニたちの奇襲訪問

二〇〇四年九月二三日、性売買防止法の施行を起点にして、政府、メディア、警察は、法を周知し、扇情的な報道を取り締まろうと躍起になっていた。特に警察が性売買集結地を強力に取り締まったために、集結地は暗黒の世界に陥った。夜になるとたくさんの人で門前市を成していた玩月洞は、いつの間にか漆黒の闇と寂寞感に包まれた場と変化していった。収入がなくなったオンニたちは、電気毛布とラーメンだけを頼りに冬を過ごすような状況に陥り、それが一か月以上も続いていた。生存権を脅かされていると考えたオンニたちは、自発的に「解語花」（「言葉を理解する花」という意味。昔から妓生《キーセン》を指す言葉として使われた。玩月洞の女性たちの自治組織）という会を作り、顧問、会長、副会長、総務などの役員を挙手で選出した。そして釜山の忠武洞ロータリー、ソウルの光化門広場、国会議事堂前で、全国の性売買女性たちと共に生存権を保障するよう要求する集会を続けていった。

　オンニたちはソウルで集会を開くと同時に、店主、商人、玄関イモ等、店の関係者たちと共に生存権を主張して忠武洞ロータリーを占拠し、集会・デモを繰り広げた。それは二週間続き、私たちはこの状況をじっと見守り続けた。ある日、集会を終えた参加者たちが「サルリム」に向かってくるかもしれないとの噂を耳にし、私たちは不安な気持ちに包まれ、やきもきと気をもんだ。

　幸いなことにデモ隊はやってこなかったが、解語花の役員たちが悲壮な姿でサルリムのドアを開けた。「ここの責任者は誰なの、私たちは玩月洞から来たんだけど、話をしようじゃない」と言う。解語花顧問キム○○、会長パク○○、監事キム○○、あと名前が思い出せない監事の総勢四人が、怒髪天を衝く勢いで入ってきた。私は、一坪余りの相談室でオンニたちと向き合って座った。

　どこから何をどのように話していいのか、途方に暮れるばかりだった。少しのあいだ重い沈黙が続いたが、各自言いたいことがたくさんあるようで、私に向かって同時に大声で叫び、頭ごなしにどやしつけ、脅迫じみた言葉を吐き出し始めた。彼女たち各自が言いたいことを声高に主張し続けるものだから、私は彼女たちを見つめながらしばらく黙って座っているしかなかった。オンニたちのそんな振る舞いは、私には生存をかけた絶叫のように聞こえた。「あんたたちは私たちを殺そうとしている」「玩月洞を出ても私たちには行く所がない。釜山に私たちを収容できる施設は二、三か所しかないと聞いている。施設には何十人しか入れない。女たちは三〇〇人を超えるのに、みんな出て行ったところで過ごせる当てがない。対策もないのに何でそんなことするのか分からない」「一緒に死のうじゃない」「私たちを殺そうとしている」「あんたが私の生活の面倒を見てくれるのか」「私はここで死ぬよ」などなど、それこそ修羅場としか言いようがない様相を呈していた。大声で叫んでいたオンニたちの声は少しずつ静かになり、とうとう何も言わなくなった。そして「大声上げて、悪かった。生きるのがつらいからだ」と締めくくった。

大らかだけれど肝が据わって見えるオンニが、自分たちは玩月洞の女性の自治組織解語花で活動している、トンネの女性の投票で選ばれた役員たちだと述べた。落ち着きを取り戻した私たちは、これからどうすればいいかについて互いに自分の考えを吐露し合った。かと言って彼女たちの要求に応えることができず、私はじれったく思うばかりだった。

彼女たちの生計に責任を取れるはずもないし、実際に三〇〇人が入れる施設などなかった。私が応えることができるのは「政府に要求してみる。私たちにも力がない。私たちにできることなんてあまりない。オンニたちを見ていると、胸が痛い。でも信じ合って、一緒にやっていこう」と言うくらいだった。

何時間かこうした膠着状態のまま、対話は平行線をたどっていた。時間が経つにつれて目に染みる煙草の煙と吸い殻だけがたまっていった。相談室を白く覆いつくす煙草の煙のように、私たちの対話は虚空を漂っていた。つかまえようとしてもつかまえられない、見ようとしても見えないその何かが、その場をいっぱいに満たしていた。同時に充満した煙草の煙くらいに信頼が積み重ねられていった。こうして何時間も対話を重ねた私たちは、その日以降急速に近づいていった。

サルリムを訪問したあと、いくらも経たないうちに、解語花のオンニたちはソウルの汝矣島《ヨイド》の国会議事堂前で集会を開き、全国的に知られるようになった。彼女たちは自分たちを性売買女性と呼ぶ代わりに、「集結地女性」と呼んでくれと訴えた。性売買女性という名称は侮蔑的で好きになれないと言って、自分たちは自由意志による「脱性売買」をし、

「脱性売買意思決定権の主体はほかでもない、集結地の女性自身でなければならない」と宣言した。

　彼女たちはまた、仁川《インチョン》の集結地女性の集まりである「互助会」と共に韓国女性団体連合を訪ねた。韓国女性団体連合との話し合いはうんざりするほど長く続いたが、その結果、二〇〇四年一〇月二七日にソウルのＹＷＣＡ講堂で、集結地女性たちの人権保護のための記者会見を開くことになった。彼女たちは記者からの質問に論理的に自信をもって応えた。それでも社会的に烙印を押され偏見にさらされている彼女たちは、人びとに顔を知られることを恐れて、顔が分からないようにマスクを着けていた。顔を隠したマスクは、性売買女性たちが置かれた人権の現在地を私たちに見せているようだった。

オンニたちの提案

記者会見を終えたオンニたちは、彼女たちの債務をすべて無効にするという前払金放棄の覚書と、自分たちの権利を主張する内容を盛り込んだ建議書を、店主側に持っていった。建議書の内容には、オンニたちの怒りと希望が込められていた。警察の取り締まりによって納付する罰金と、店を維持するためのロビー資金として使われる権力機関に差し出す金は自分たちが稼いだ金なので、それは「性労働者」たちの福祉と脱性売買のための自活事業に使われなければならないとした。そして「脱性売買」を目指して自立するために転業の意思を向上させ、望ましい社会人としての復帰を支援するための方案として、「集結地内性労働者」のための福祉施設を作ることを提案した。

店主たちが前払金を放棄すると書かれた覚書にサインしたので、オンニたちの前払金は無効になったが、それは象徴的な意味を持っていた。しかし「集結地内性労働者」のための福祉施設を作るに当たっては、政府、地方自治体、現場の団体、集結地女性たちと店主をはじめとする性産業関係者のあいだの利害関係が互いに複雑に絡み合うものがあり、すぐに解決するには至らない。

政府と地方自治体は、不法行為が行われている場所に公金を支援金として出すことをためらった。現場の団体は虎穴に入らねばならないという不安な気持ちがありはしたが、トンネの建物を無償で使うことができ、財政的な支援を受けることができた。オンニたちは福祉センターが店から近いので、気軽に相談したり専業訓練を受けたりすることができた。

店主たちは、「自分たちは金に糸目をつけずにビルを提供して財政的支援をする。お前たち（性売買女性）が夜から翌朝まで『仕事』をするのであれば、昼に相談所に行こうと職業訓練を受けようと、好きにしろ」と内心考えていた。サルリムが玩月洞に入れば、性売買をしても警察は取り締まらないだろう。だとすると性売買業も安定するし、不法な行為をしているとの社会的誹りも免れる。それにサルリムの一挙手一投足を監視することができるわけだから、店主たちにとってこんなにいいことはないではないか。

だが何人かのオンニたちは、「トンネに入ってくると、店主の目を窺わなければならないし、相談所に行くことができない」「あちこちの店で私たちを監視するに違いない」と反発した。私たちも、店主のビルを使って財政的支援を受けるのは、利害関係者から賄賂を受け取るのと同じだと考え、この提案を受け入れることができなかった。サルリムがトンネの外にあってこそ、オンニたちが風に当たることもでき、店主の目を窺わなくてすむのではないか。もちろんオンニたちが外出する際は、店関係者の監視から逃れられはしないし緊張を強いられはするが……。

集結地内の「性労働者福祉センター」を提案したあとも警察の強力な取り締まりは続けられ、オンニたちをはじめとする店関係者のデモも続けられた。さらに店の明かりが消されたり灯されたりが繰り返され、緊張の糸を緩められない私たちは、たびたび玩月洞で夜を明かすことを余儀なくされた。

一緒に警察と対峙した私たち

性売買防止法が施行されて以降、玩月洞を対象にした警察の取り締まりが続けられた。毎日毎日事件が起こり、私たちは忙しい日々を過ごしていた。そうするうちに、「警察がトンネのすべての出入り口を塞いでいる。だから自由に出入りできないし、外に出ることもできない」というオンニからの電話があった。そして「今、警察の取り締まりに抗議を始めてから一時間半ほど経つけど、警察はその場を一歩たりとも動きそうにない。今日、警察が引き返さなかったら道端で野宿する」と付け加えるのだった。

すぐに現場に駆け付けた。トンネの境目をパトカーが塞いでおり、忠武洞教会側と玩月洞に通じる何か所かの入り口にパトカーが配置され、そこに警官たちがいた。〇〇荘入り口をはじめとして忠武洞教会側などに、六〇人ほどのオンニたちが興奮した様子で座っていた。店の明かりはすべて灯されていた。少しすると、酒に酔った男が○○荘の入り口でオンニたちに向かってののしり、狼藉を働き始めた。警官たちは見ているだけで、何もしようとしなかった。

私は警官に「玩月洞のオンニたちを監視するのではなく、ああいった乱暴者を取り締まってくれ」と要請した。しかし警官は、通り過ぎるだけの人に何もできないと言う。それで頭に血が上って、「通り過ぎる人だからって、なんで放っておくんだ。悪口まで言っているのに、早くどうにかしてくれ」と強く抗議したところ、ようやく酔った客を遠くに追いやった。それから、「警官もパトカーも目につかないところに移動してほしい、人が通れないじゃない。トンネ全体が格子のない巨大な監獄みたいだ、なんでパトカーで監禁するの。このトンネにいる人たちはみんな犯罪者なの」と抗議し続けると、連中はパトカーを見えない場所に移動させた。

警官としばらく言い争いを続け、事態が収束に向かおうとするころ、オンニたちを管理するサムチョンなる者が私のバッグを見て、「ブランド物」だと皮肉を言った。そうして、他人を手助けしようとする者が高いバッグを持って歩くことができるのかと、声を高くした。集まった人たちが一斉に私を見つめた。私は恥ずかしく思うと同時に、視線をどこに置けばいいのか迷ったが、すぐに対応した。彼が指摘したバッグを持って、「このバッグは一万ウォンです。見てください。ここのどこにブランド物の商標が付いていますか」。そして何年間か持ち歩いて穴が空いたところを見せた。すると「所長だったら品位を持たなくちゃ、一万ウォンのバッグを持ち歩くなんて」と、平然と話をすり替えるのだった。実際に私はその時まで、ブランドが何なのか、どんな商標があるのか、何も知らなかったし、ブランド品売り場に行ったこともなかったのだ。

　警察とオンニたちが対峙する時間が長引くにつれて、風が激しく吹き付けて気温が下がり、身が切られるようだった。どれだけ時間が経っただろうか。情報課[7]の刑事が「退去しないと法律違反で捕まえる。早く解散しろ、集示法[8]によって処置する。夜間にこんなにたくさんの人が集まるのは違反だ、全員逮捕してやる」と、脅した。オンニたちはます

7　各種の情報収集を担当する警察の部署。一九八〇年代は学生運動家や在野団体の人物たちに関する情報を集めていたが、現在は市民団体と適度な関係を保ち、場合によっては利用しあうこともあると言われている。

8　一九六二年に制定された「集会及び示威に関する法律」の略称。

ます興奮して、警察とぶつかりそうな勢いでその場から立ち上がり、一触即発の危機的状況に陥った。

私は刑事に「どうしてそんな刺激的なことを言うの。集示法を盾にしたことを謝れ」と抗議した。彼は「原則的な話をしただけだ。できないことを言ったわけじゃない。解散しろ」と、強く言いつのる。それで私は、「今、オンニたちは爆発一歩手前なので、高圧的にならずに説得するのがいいのではないか。強く出るとお互いに衝突を避けられないし、そうなると警察にもいいことはない。話す時はもう少し気を使ってくれ」と、要請した。

ひとしきり騒動を繰り広げたあと、少しずつ落ち着く様子が見えてきた。心にゆとりを取り戻したオンニたちは、警察が撤収しなければ自分たちも解散しないと言って、玩月洞に入る忠武洞教会側入り口の中間にある路地に座り込んだ。店主と周辺の商人たちが毛布を配ってくれた。私たちはそれをかけて座った。解語花総務は「『仕事』をさせてくれ。あんたたちがやってくれたことなんて何もないじゃないか。所長が何をしてくれたというの?」と抗議して、声を上げて泣いた。「お母さんの体調が悪いので治療代がいるのに、どうにもならない。ひと月に三百万ウォン以上必要だ、あそこの店の屋上から飛び降りて一緒に死のう」と言ったかと思うと、突然私の手をつかんで、「明日の朝、所長と私とで西面ロータリーに行って服を脱いでデモをしよう」と言う。当惑した私は「オンニ、そうしましょう。でも寒くて凍え死にしそうだから、暖かくなってからではだめですか」と、聞こえるか聞こえないくらいの声で注意深く答えた。するとオンニからすさまじい言葉で絨毯爆撃を受けた。

一触即発の状況が収まると、私たちは夜空を見ながら星の数数え、星の名前当てなどをしながら、話に花を咲かせた。店主と商人たちが闘争基金を集めたと言って、キムパ〔韓国式のり巻き〕を持ってきた。何時間か外にいてお腹を空かせ寒さに震えていた私は、こんなにおいしいキムパを食べたのは生まれて初めてだと思った。キムパについていた温かいスープは、凍り付いた体と心を溶かしてくれた。通りの険しい寒さは収まりそうになく、路地ではオンニたちと活動家たち、警察、店の関係者、商人たちが一緒に集まっていた。店の関係者以外にほかの存在を見つけにくい通り、私たちが知らせなければ、この場で死んだとしても徹底して秘密にされてしまいそうな無視された通りで、私たちは毛布一枚を頼りに寒さと向き合っていた。

夜明けが刻々と近づいているころ、横に座っていたオンニが、「あんたたちが行ってしまうと、あいつら（警察）はとたんに態度を変える。私らに毒づくし虫けらでも見るように扱うんだ、座っているだけでいいからここに一緒にいて、あいつらがいなくなるまでいてほしい」と言う。何も言わずにただオンニたちの横に座っているだけでも、彼女たちにはほっとできて心強かったようだ。

どれだけ経っただろうか。警察に向かって再び「出ていけ、やってられない」「出ていかないなら死んでやる」と、大きな声で抗議が続けられた。私は警察に「もうこれくらいにして、最小限の人数だけ残して撤収したらどうか。ここにいる人たち、みんな凍え死ぬじゃない、解散できるような大義名分がほしい」と、説得した。そしてオンニたちにも「警察と話し合いをしているので、明日一日くらい様子を見てはどうか、朝までこうしているとみんながつらいから、もう少し様子を見よう」と提案した。警察は警察なりに、オンニたちはオンニたちなりに話し合ったようであわただしく動き始め、警察が最小限の人員だけを残して撤収すると、オンニたちも各自店に戻っていった。

活動家たちは解語花顧問が所属する店に入っていった。しばらくするとラーメンとわずかばかりの菓子が出された。ラーメンが体の中に入ったとたん、寒さで凍えていた身体が一斉に反応した。凍り付いていた川の水が溶けて魚が少しずつ泳ぎ始めるように、体が動き始めた。部屋の中の暖かい空気が頭の働きを麻痺させ、ひたすら本能に忠実にさせた。睡魔が襲ってきた。ほかの人たちの声が耳に入ってこなかった。ラーメンを食べている人たちのあいだで、束の間居眠りをした。店を出る時誰かが言った。「あんなにたくさん店主がいるのに、よく眠れるね、本当にたいしたもんだわ」。私が応えた。「眠りは本能よ。周りに誰がいようと、そんなこと何の関係があるの。私たちは本能に忠実でなきゃ。それにあんたたちがいるのに、店主たちが私を殺そうとする？ まさかね」と、ひとしきり笑った。明け方の薄明かりがトンネに入り込み始めた。

オンニたちのそばを守る

玩月洞入り口に足を踏み入れると、人びとの悪口とひそひそ話、鼻につくような酒の臭いなどでトンネはざわざわと落ち着かなかった。二十人余りの女性がミス部屋で待っていた。そこにはオンニたちだけでなく、トンネで何回か出くわしたことのある玄関イモ、相談所に来て見境なく怒鳴りつけて脅した店主もいた。その人たちは、「防止法が施行されたので、営業できない」「男だけが処罰されるなら客が来ないじゃないか」「母が病気で入院している、入院代は私が出さなくちゃいけない、母は死にそう」「だいたい女性団体なんて、いったい何様なんだ、私たちを殺すつもりか」「性売買が違法だからって、男たちがクレームをつけて警察に届け出なんかしようものなら、自分たちが損するだけじゃないか」などなど、反感に満ちた怒り、抗議と悔しさを吐き出した。こうして悪口と脅迫、怒声が混じった一方的な言い分が続けられ、店の外でも関係者が集まって、私たちに悪口を言いながら怒鳴り散らしていた。この人たちと話し合えば合うほど、互いのあいだの違いを感じた。

夜が深まっても話し合いは終わりそうになかった。代表格の人たちの意見も大切だが、オンニたちが個別に置かれている状況がどのようなものか、知る必要があった。解語花の役員の協力で何か所かの店を訪ねた。店主は一階から最上階までの部屋を一つ一つ見せながら、「営業することができずボイラーをつけていないから、部屋が冷凍庫のように冷たい。ここで暮らす女たちは凍え死にしかねない。アガシ(店の女性)たちがトンネから出てしまったので、自分もつらい」と、ぶつぶつ文句を言うのだった。

オンニたちは一貫して「営業できなくしたくせにどうやって生活するのか対策を立ててくれない。私たちは被害女性ではない、性売買が犯罪だったら私たちは犯罪者だってことか、私たちは犯罪者ではない」と言い続けた。話し合いは平行線を辿り、接点を持てないまま冬の寒さは猛威を振るい続けていた。

いつの間にか時間が経ち、午前〇時を過ぎていた。いつもであれば真昼のように明るく、買春者たちで騒がしく賑わう時間なのに、窓の隙間からところどころ漏れ出る明かり以外は前も見えないくらい暗闇で覆われていた。偽善の夜が去った場に暗黒と沈黙が残っていた。

ある日のこと、「昨日は警官が四人だったのに、今日は二倍に増えた。あんたたちがやったんじゃないの、私たちを殺すつもりか」と言いながら、一人のオンニが興奮してやってきた。店の前には店主たちが三〇人から四〇人余り集まっていて、オンニたちは見えなかった。店主たちも相当興奮していた。店主たちは解語花のオンニに向かって「お前たちは何してるんだ。俺たちもやってられない。毎日女性団体に会っていないで、行動で示して見ろ」「この件がきちんと解決しなかったら、ただではすまないからな」などと叫んだり、口にできないほどの悪口で罵倒するのだった。周囲があっという間に騒がしくなった。オンニたちは「店主の怒りを鎮める頃合い」だという意味を込めて、私に顔をしかめて見せた。そうして解語花のキム顧問は、激しい言葉を飛ばし始めた。「女性団体は信じられない、警察と裏でつながっている、このトンネから出て行け、出て行かないなら黙っていない、女性団体が入って来た次の日にはどうしていつも警官の数が増えるんだ」と、大声で叫んだ。

私たちは警察とオンニたちが衝突したり、オンニたちが一方的に暴行されたりなどの突発的な事件が起こるかもしれないと思い、その場を動かなかった。オンニたちは「行かないで、ここにいて」と言葉に出しはしないが、目で訴えていた。私たちはその日、冷たいアスファルトの上で明け方まで立っていなければならなかった。オンニたちは「警察が撤収しないなら、私たちも解散しない」と言って、アスファルトの上に横たわった。冬の寒風は体を突き刺すようで、地面から伝わってくる寒気は、鮮魚をほんの数分で急速冷凍するほどに冷えていた。オンニたちは破れたジーンズにたった一枚の上着を着て横になった。私たちは向い側の道路上に立っていた。

「警察は出ていけ」「私たちはここで死ぬ覚悟だ」「『仕事』させろ」と、オンニたちは絶叫した。そのたびに目に見えない無言の弾丸が飛んできて、彼女たちの体にひとつひとつ撃ち込まれるように感じた。無言の弾丸が撃ち込まれるたびに、彼女たちは悲鳴を上げた。弾丸の的にされていた。時間が経つにつれて、周りには警察と私たち以外に誰もいなくなっていった。しかし見えない所で店の関係者が監視しているに違いなく、その監視の力が強くなればなるほど、オンニたちの声と動きもより強くなった。

明け方の三時ごろに警察が撤収したので、オンニたちと〇〇館に行った。トンネで一番繁盛している店だった。そこの店主がトンネの店主たちに貸した金だけでも七〇億ウォンを超え、何か所かの店を仮差し押えしているような状況だった。店主はベッドの下から鋭利な斧を取り出した。自分が脅されたり害が加えられたりした時に備えて、身を守るために準備しておいたという。ぎらぎらした刃にひやりとした。その瞬間、活動家とオンニたちは凍り付いてしまった。


店主と警察、現場の団体が頻繁に駆け引きを繰り広げた結果、私たちはついに店の中で個人的にオンニたちと会えるようになった。そしてミス部屋でオンニたちと話を交わし、食事もし、互いに友情を育てていった。

百年余りの歴史がある玩月洞は、性売買経験当事者であるオンニたち、店主、玄関イモ、商人、注射イモ[9]など、店の関係者たちと公務員、警察、買春者を除いて、一般女性が出入りできない女人禁制の領域だった。このような場に私たちは自由に出入りでき、オンニたちは活動家たちに店の中での人生談を心ゆくまで語ることができた。そこは一時的ではあるが、活動家たちとオンニたちにとっての解放区だった。

9　体調不良の時や皮膚病に罹った時などに注射を打つ、医師や看護師の資格を持っていない女性。

取り締まりと誤解

玩月洞から匿名で救助要請のメールが届いた。

「私たちを助けてください。休むこともできずに強制的に『仕事』をさせられています。もっと厳しい取り締まりを進めてください。助け出してください。このまま放っておかれるとアガシたちがつらい目に遭うだけです。この機会に確実にやり遂げてください。ここを出たいのに、借金のせいで出ていけないアガシがたくさんいます。今、玩月洞ではホールドレス（店で買春者を相手にする時に着る服）を着ないで私服を着て商売をしています。私たちは身動きが取れないでいます。そちらに助けを求めたくても何か言いたくても、周りの目を気にして何も言えないアガシがたくさんいるのです」。

匿名だったので、誰からのメールなのか探し出すのが困難だった。警察に協力を求めようかとも思ったが、ことを大げさにしたくなかったので、次の連絡を待つことにした。するとすぐに、一人のオンニが息せき切ってやってきて、少し前に直面した事件を震える声で語った。

玩月洞にある〇〇館に警察が家宅捜索に入った。オンニは風邪気味だったために、深夜ボイラー[10]を点けておいたのだが、暑すぎたので服を全部脱いで横になっていた。うとうとと眠りに落ちようとする瞬間、ノックもなく突然ドアが開くと三人の男が立っていた。慌てて「誰」と叫んだところ、男が二人、靴も脱がずに部屋に入ってきた。オンニは服を脱いだままだったし、そこには体を隠す布団すらなかった。うろたえて見知らぬ男に「誰なの、すぐ出ていって」と叫んだが、彼らは何ら反応もせず答えもしなかった。二人は部屋に無断侵入し、残りの一人は部屋の前に立っていた。部屋に入った彼らは、一糸まとわぬオンニを上から下へとじろじろ眺め、部屋のあちこちをひっかきまわし始めた。彼らは引き出しから使っていないコンドームを取り出し、「客と寝たのか？　客を取っただろう？」と

10　深夜から明け方まで暖める電気暖房装置。

言い放った。返事もできずに呆然と眺めていると、玄関イモがやってきた。しかし彼らはそんなことは気にもとめず、浴室を漁り始めた。靴は履いたままである。すごく腹が立ちびっくりしたので、「出て行け、何するんだ。出て行かなかったらただじゃすまない」と声を上げた。男たちはその時になってようやく、自分たちは警察だと明らかにし、「お前、客を取っただろう、正直に言え」と、頭ごなしに言って強圧的な態度を見せた。「携帯電話を持っていたらすぐに出せ」とも言う。ないと応えると、「笑わせるなよ、隠さずに出せ」とまた脅すのだった。[11]

もしそこが玩月洞ではなく、一般の人が住む家だったら新聞に出るような事態だ。オンニは、「なんで私がこんなに侮辱されなくちゃいけないのか、すごく恥ずかしいし惨めだ。私はすぐにここから出られない。今は心配で真昼にもドアの鍵をかけている。すごく誇りが傷つけられた。私の店の別のアガシも同じようなことをやられて店を出た。私たちが体を売る×だからと、好き勝手やるんだから」と、激怒した。

11　令状なしの捜索は違法だが、玩月洞にいる女性に人権はなきにひとしく、このような状態が野放しにされている。

警察は店に無断で侵入しただけでなく、トンネ全体で取り締まりを行っていた。ほかの地域は取り締まらないのにどうして玩月洞だけ取り締まるのかと、オンニが強く抗議した。「ほかの所はパトカーだけを停めているらしいけど、私たちは入り口を塞がれている。近所に住む住民にまで住民登録証を見せろと言って、見せなければ入れないようにしている。ほとんどの者が住民登録証が抹消されているというのに、どこにも出ずに店でおとなしくしているか、もし出ていったら戻って来るな、どちらかにしろと言われてるみたいだ。アガシたちに人権はないのか」と言いながら、「○○館の前にパトカーを停めておいて、トンネに入ってくる空車のタクシーのナンバープレートを控えている。運転手には住民登録証を見せろという。もっと不愉快なのは、玩月洞に住んでいる女性が外出から戻った時も、住民登録番号をメモするんだから」と続け、実際に来て確認してみろと言う。○○館に行ってみると、警察と何人かが集まっていた。オンニたちは、警察が私を含めて活動家たちを検問しないのを見て、「あの人たちにはどうして検問しないのか」と問い詰めた。

○○館にいるオンニたちは、「警察が今日からトンネに入ってくる全員に職務質問している」と言い、「性売買予防という点から考えると男たちに検問するのは分かるけど、どうして玩月洞に住む女性までチェックするのか分からない」「人殺しがこのトンネに隠れても、これほどまでひどくないと思う」と訴えた。

警察の取り締まりについて正確な情報が不足していた私たちは、オンニたちの言っていることが事実なのかどうか確かめるために、二チームに分かれて釜山地域性売買集結地の見回りをした。海雲台六〇九には警察はいたが検問はしておらず、時おり買春者が店に入るのが見えた。十軒余りの座布団部屋（座布団に座って接待される部屋という意味で、妓生部屋、料亭と呼ばれていた遊興業が起源。酒を飲む場所と性売買の場所が同じ空間にあり、日本の植民地時代に韓国社会に根付いた。座布団部屋は伝統型性売買集結地に近く、人身の拘束度、収入など、さまざまな条件で劣悪である）が密集している〇〇洞の店もみな紅燈を灯し、女性たちがドアの外の椅子に座って呼び込みをしていた。二人の男性ボランティアが店の中に入っていき、営業しているかどうか確認した。

車で〇〇ポプラ町《まち》（「ポプラの木」と「マウル（「村」や「町」を意味する）」を表す日本語の町を結びつけた語）を回ると、前の座席に二人の男が乗っているのを確認した数十人の呼び込みが、車両を叩いたりオートバイに乗って追いかけながら、積極的に呼び込みをしてきた。

営業しているかどうか確認するために店に入ったボランティアが警察の取り締まりが心配だと言うと、店主は、取り締まりはあるがそれほど厳しくないので心配するなと言った。呼び込みが呼び込み行為をしても特に取り締まりはなかった。

玩月洞では何日間か厳しい取り締まりが行われた。その後聞こえてきた噂によると、〇〇警察の署長が警察庁で開かれた全国警察署長会議において、出席者の面前で玩月洞の取り締まりに関して叱責されたとのことだ。「サルリム」に中央部署高位級公務員〔中央行政機関の上級公務員〕たちが視察に行ったという事実を情報ラインで把握できておらず、相当困った立場に陥ったとのことだった。

そのうえ店主たちが警察の取り締まりに抗議したところ、警察は「取り締まり問題を解決したいなら、「サルリム」に行ってやれ。われわれには力がない」と言ったそうだ。自分たちの無能さを現場の団体に押しつけて、関係にひびを入れようとする警察のあくどさにあきれるばかりだった。

白いビニール袋事件

昼夜を問わず玩月洞に行き来しなければならない活動家たちも大変だったが、解語花の役員たちも、店主や商人たちから「女性団体に行って商売できるようにしてくれるよう言え」「警察を追い出せ」「闘争基金を集めてやったのに、何してるんだ」「相談所に行って所長が何しているか、毎日監視しろ」等々のプレッシャーをかけられ、気の抜けない緊張した日々を送っていた。

毎日毎日薄氷を踏むような気持ちで暮らしていたある日のこと、酒を飲んでいたオンニから夜中に電話がかかってきた。「ここにはつくづく嫌気が差した。今すぐ来てくれないと死ぬかもしれない。生きていたくない」と訴えて、店にすぐ来いと言う。オンニを説得しようとしたけれど、電話では手に負えなかった。「オンニが酒に酔っていて話にならない。一歩間違えると危険だ、行って様子を見てくる」と、一人の活動家がオンニのいる店に行った。店に到着してもオンニはずっと酒を飲み続けているので、活動家は仕方なくオンニの部屋にいるしかなかった。しかし活動家がオンニと話すのをよく思わない管理者（別名ナカイイモ）が、オンニの部屋の前で外に出て飲めと嫌がらせを言うものだから、オンニは酔った勢いで「分かったよ！　私が出ていけばいいんだろう」と、服を着替えて出て行こうとした。活動家がそのオンニを止めて、「オンニ、帳簿を置いていっちゃだめ。店で『働いた』分を記録したものがあったら、持っていこう」と言い、オンニは帳簿と服類をまとめて、その日のうちに店を出た。

オンニはすでに泥酔状態だったのに、相談所に来てからも酒を飲み続けた。酒を飲みながら店主の暴言暴行、ゆすり行為、そして人間として扱ってくれない悔しさをしきりに訴えた。結局オンニはその日は相談所に泊り、店から完全に足を洗うという勇気ある行動に出た。酒の勢いで出たとはいえ、それからは店には一歩も近づかなかった。

オンニが店を出たことを知った店主は、怒りを抑えられず私たちに攻撃を仕掛け始めた。あっという間にトンネ全体に根も葉もない噂が広がった。「サルリムの相談員がやってきて、女の子に酒を飲ませて連れていった」「相談員が勤務時間に店に来て、女の子たちと酒を飲んでいる」「勤務時間にそんなことしていいのか、女性部に問い合わせてみなくては」などなど、悪意のこもった噂を撒き散らしたのだった。

サルリムと関係を持つようになったオンニたちが頻繁に店を出るようになると、気分を害した店主たちは、この事件にかこつけて解語花の役員たちを責め苛んだ。その日の夕方、店主たちの一群が解語花の顧問と会長がいる部屋を急襲した。店主たちは有無を言わせずオンニたちの空間に乱入し、「お前たちの言うことを聞いてサルリムを受け入れたから、こんなことになった」と言って、オンニたちの部屋に糞を撒き散らすことまでした。服や化粧品、鞄などが踏みしだかれ切り裂かれ、部屋はそれこそ修羅場と化していた。

地獄のようなオンニの部屋を見た瞬間、問題をこのままずるずる放っておくと店主たちの噂を認めることになり、オンニたちを守れなくなると思った。それで私はトンネが吹き飛んでいかんばかりの大きな声で叫んだ。「活動家は、相談をしたい者が望めば勤務時間内であっても酒を飲むことができる。私たちは店主の目を窺ったりしない。今日はこの部屋で酒を飲もうじゃないか。窓もドアも全部開けておきましょう」と言って、オンニたちと酒を飲み始め、店にあった酒瓶を全部空にした。

酒が切れると、「透き通った白いビニール袋にこれ見よがしに酒を入れて、一軒一軒店を横目に見ながら玩月洞の道の真ん中を通り、解語花顧問の部屋まで来て」と、活動家に頼んだ。活動家は堂々と一軒一軒店を見ながら酒を持ってきた。そうして二、三回ほど酒を買ってきて、私たちはすっかり出来上がり、オンニの部屋で歌を歌い、大声を上げたりした。そして店主たちに聞こえんばかりにトンネ中に響きわたれと行動したが、誰も何も言わずトンネは死んだように静まり返っていた。

私たちは夜遅く事務室に戻った。事務室では多くの活動家が帰宅せずに残っていた。泥酔した活動家が靴を履き間違えて戻った。活動家と解語花顧問は、当時流行していたアグブーツを履いていた。その日活動家は、本人の左側のアグブーツと解語花顧問の左側を履いて事務室に戻ったのだった。そもそも履物というものは左側と右側を履き間違えると歩きにくいように作られているのに、酒はこんな状況すら可能にしたのである。その日以降、店主たちはオンニたちと酒を飲むのを理由にして、サルリムを攻撃するようなことはしなくなった。

オンニの結婚で仲人となる

　オンニたちとは毎日昼夜を問わず会い続けた。こうした時間を経る中で互いに信頼を積み重ね、オンニたちのあいだでサルリムに対する友好的な雰囲気が作られていった。こうなるまでには解語花の役割が大きかった。彼女たちは店の中に住んでいる状態なので、店主の目から解放されてはいない。そのために、店主の利益と女性たちの利益を同時に代弁しなければならなかった。二〇〇四年一一月、社会福祉共同募金会からオンニたちの生計を助けるための緊急生計費が支給された。私と解語花の役員たちはオンニたちが生計費を受け取れるように店主たちを説得し、活動家たちは店を訪れてオンニたちに会って、申請書を受け取れるよう東奔西走した。

　自分の存在が発覚することを恐れていたオンニたちは、個人情報（住民登録番号、住所、電話番号、本名など）がほかの人に知られるのを嫌がった。私たちは、オンニたちの身上に関する情報はすべて絶対に秘密を守り、店から脱出することを条件とせず、少しでも現在の苦しい状況の足しになるよう、無条件で生計費を支援するものだと説明した。けれども疑い深くなっているオンニたちは、「いくら何でも一つも条件をつけずにくれるわけがない」「このお金を受け取ったらここから出なくちゃいけない」「名前も知られる」という噂を聞いてきて、申請書の作成をためらったり、生計費の受け取りを最後まで拒否したりした。

それでも私たちは、オンニたちを訪ね歩きながら説得し続けた。半信半疑だったオンニたちも親しい同僚を説得したり、同僚の申請書を直接受け取ってきたりすることもあった。最初は誰も受け取らないかもしれないと思っていたのに、二五〇人余りのオンニのうち一五〇人余りが受け取った。緊急生計費を受け取ったあとも、オンニたちは店を出なければならないのではと恐れていた。しかし時間が経つにつれて、「店を出なくてもいいし、自分の個人情報が守られている」のが分かってきたようだった。そうして自然とサルリムを信頼するようになり、少しずつ近寄ってくるようになった。

緊急生計費が支給された日、相談所は店の「仕事」をし終えて早朝にやって来たオンニたちでごった返していた。ほとんどが債務不履行者であり、自分の存在を明らかにしない匿名の人生を送ってきた人たちなので、通帳を持っていなかった。それで直接現金を受け取るために列を作るという、珍しい光景が出現したのだった。

この過程で話が上手で頭が切れるキム顧問、言葉数が少なくほかの人の言うことに耳を傾けて実践するパク会長と私は、ますます信頼できる間柄になっていった。解語花役員となった二人は、玩月洞で実質的な権力と金を持つ店で「仕事」をしている女性だった。事実上の権力を握っている店主たちは、言うことをよく聞いて従順な彼女たちを自分の店で前面に押し立てた。キム顧問は店で「働く」女性というより、店のことを代わりに引き受ける下働きの店主、いわゆるチーママだった。パク会長は十代の後半に玩月洞に来て以来、二〇年余りそこで性売買女性として「仕事」をしながら、毎月母親に生活費を送っている善良で誠実な女性だった。彼女は、私と出会っていくらも経たないうちに店を出て結婚した。

私と同い年だったパク会長は、私に仲人をしてほしいと言ってきた。三十代で仲人をするなんてと戸惑ってしまった。豊富な人生経験があるわけでもなく結婚生活も長いわけではない青二才に、仲人などつとまるはずがない。考え抜いた末に、できないと丁寧に断った。それでもオンニは、自分のことを最もよく理解してくれ信頼できる人は私以外にいないと、必死に頼み込むのだった。「十代の時から店に出ていたので、知っている人なんて玩月洞の人しかいない」「所長さんが仲人をしてくれたら幸せになれそうだ」と、しつこくおだてるものだから、結局私は引き受けることにした。

結婚式当日、もしも客が少ないと寂しいと思い、活動家たちを総動員した。結婚式場は小ぢんまりとしてきれいで、海がよく見える場所にあった。心配は無用だったようで、たくさんの客が出席し会場を埋め尽くした。あの時私がどんな挨拶をしたのか、まったく覚えていない。私は緊張してたどたどしかったような気もするし、白けるような冗談を言ったような気もする。

それから何年かは互いに会ったり、電話をかけて安否を尋ねたりしながら暮らした。そしてしばらく消息がないなと思っていたころ、再び連絡がありやり取りが始まった。玩月洞を通して出会った私たちは、美しく確固とした、そして心の奥に永遠に残る縁《えにし》を今も続けている。

果てしなく繰り返されるオンニの話をずっと聞き続ける

春だった。五十代半ばとおぼしき女性が、顔を上気させ興奮した口調で、だしぬけに「サルリムはここなの」と問い詰めるように言いながら入ってきた。私たちの反応などどこ吹く風で、椅子に座るとすぐに店での出来事を喋り始めて、悔しい気持ちを吐き出した。大きな声と激高した言葉遣いには、抑えようとしても抑えることのできない怒りが込められていた。

そのオンニの話では、自分は店の台所で食事の支度をしていた。その時隣の部屋のオンニからうるさくて眠れないと小言を言われ、これがたちまち髪の毛をつかみ合うまでの喧嘩に発展したのだという。互いに押したり押されたりするうちに、オンニが作っていたわかめスープが床にこぼれ落ちて相手のオンニに降りかかり、そのオンニの手足が火傷したというのだ。そのために暴力行為で訴えられ、今警察で取り調べられてきたところとのことだった。

「私が悪いんじゃない。自分が滑って転んだんだ」と、当時の状況を言葉では充分言い表せないらしく、わざわざ行動で再現してみせるのだった。床に転んだり横になったり、髪をつかんだりしながら喧嘩の場面まで再現し、悔しさを全身で表した。

オンニの話は際限がなく、声も初めから終わりまで全然変わらなかった。疲れを知らないようで、同じ話を繰り返し繰り返し続けた。私は「もういいかげん終わってほしい、いつ終わるんだろう」と心の中で思い、オンニを眺めたり壁に目を移したりしながら、時間が早く過ぎることだけを願った。しかし終わったかと思うと、また始めるのだった。何回も同じ話を繰り返すオンニを止めることもできず、もうやめようとも言えなかった。オンニは私に口を差し挟む隙すら与えなかった。「オンニ、水、飲みませんか？　ちょっと休んだ方がいいですよ」と言っても耳を貸さず、とにかく話し続けて出来事の場面を再現し続けるのだった。

オンニは五時間ほど同じ話と動きを繰り返していたが、さすがに疲れたらしく「ああ疲れた。帰るわ」と言ったかと思うと、周囲のことは何も気にならないらしく、さっさと立ち去っていった。そして翌日も同じ話を同じ調子で前日と同じ時間をかけて繰り返したあと、「疲れた」と言って帰っていった。

私の話を聞こうとする気配などまったくなかった。そうして一年が過ぎた。それからは四時間、三時間、二時間と時間が縮まっていき、ある時ふと気づいたように話をやめて、「私ばっかり話して悪かった。もうやめるよ」と言った。うれしくて涙が出そうだった。彼女から解放されたという思いもあったが、一方で、どんなに積もり積もったものがあったか、疲れることなく同じ話をあんなに繰り返すなんてと思うと、不憫で仕方がなかった。

その後もオンニは私の立場や状況を考えずにおしゃべりをしたけれど、以前とは違って私の意見や助言を聞いてくれるようになった。彼女は今でもサルリムとつながりを持っている。キムチを漬けたり、春や秋のハイキングには必ず一緒に行っている。依然として大きな声で自己主張が激しく、欲張りだ。でも逞しく堂々と生きている。

ご飯の力!! 心の力!!

活動家たちのあいだで不文律となっていたのが、オンニたちと会う時には必ず一緒に食事をしなければいけないというものだ。相談室という事務的な空間で形式的に会うと、なかなか心を開いて自分の話をすることができない。でも食堂でメニューを見ながら相手の好きなものを知り、自分の好きなものを相手が知れば、自然と親しくなることができる。

ある日の夕方、ミス部屋に座っていたオンニが、前を通り過ぎる私が疲れて見えたのか、家庭料理のようなおいしい物を食べさせる所があるから食べていきなさいと声をかけてくれた。私をはじめとする活動家たちは、待ってましたとばかりにすぐに店内に入っていった。しばらくすると料理が出てきた。大きな銅合金鍋[12]、サンチュ、エゴマの葉、レタスなどといったおかずやご飯を包む材料、魚のチゲ、蒸し卵が一式となったいわゆる「鍋めし《ネムビパプ》」だった。鍋の底にそっと座を占める白いご飯と赤みがかったお焦げ、魚のチゲと包んで食べるさまざまな葉菜類、ふんわりと大きく膨れ上がった食欲をそそる蒸し卵と、豚肉をたっぷり入れた激辛のキムチチゲは、うっとりするような味だった。それからもおりおり玩月洞に出入りし、鍋めしだけでなくチキン[13]、ジャージャー麺、チャンポン、蒸し物類、汁物類など、周辺の食堂のほとんどを回りながら食べ漁った。「注文する料理が全部おいしいのはどうしてなの」と尋ねると、オンニは「ここのアガシたちは夜遅くまで『仕事』をしていて眠れないので、口寂しくてたまらないの。だから食事がまずいと食べない」のだと答えた。

その味を活動家たちと一緒に味わいたくて注文した。本当に腕のいい「チャングム〔朝鮮王朝時代の女性料理人を描いた大ヒットドラマの主人公名〕も泣いて退散してしまうほどの味」

12　「銅合金鍋」と訳しているが、実際はアルミニウムが使われている。
13　牛乳と天ぷら粉を使って揚げた韓国式フライドチキン。サクサクとした食感がある。

だった。

さてある日のこと、出前の料理に慣れていたオンニたちから、母の味が懐かしいという声を聞いた。そこで私は一大決心して、自宅でトックパーティー[14]を開くことにした。オンニたちの意向を聞かずに日にちを決めたところ、「私たちの都合を聞かないで何で勝手に決めるんだ、心置きなく食べられるよう、金曜日にして。そうじゃなかったら、私たち参加できない」と、強く抗議されてしまった。

一七坪の狭い空間に一度に七、八〇人が集まったので、足の踏み場もなかった。居間と台所など狭い場所にそれぞれ互いを気遣いながらぴったりくっつき、最大限体を密着させて座った。全員入れないのではないかと心配したが、不思議なことにみんな座ることができ、むしろまだ何人か座れるスペースが残っているくらいだった。互いの心配りが奇跡を生んだわけだ。

オンニたちは、「店主から所長の家は大きいって聞いてたけど、狭いじゃない。家、買っ

14　スープに薄く切ったトッ（うるち米で作られた餅）を入れて煮、肉、卵などをのせたもの。日本の雑煮に似ているが、雑煮より汁が多く日常に食される。

たら？　といっても店主の目が気になって買えないか」「この前、車を見たけど、つぶれていたね。お母さん（オンニが「働いて」いる店の店主）が、所長は外車に乗っているって言ってたのにね」と、口々に言うのだった。そしてご馳走をたくさん作ったと褒めたあとで味の批評を始めた。「何でこんなにおかずが薄味なの。私、薄いの好きじゃない。醤油ちょうだい」と、好き嫌いをはっきり言うオンニ、「文句言わないで食べなさい。また始まった」と、途中でさえぎるオンニ、「おいしい、一所懸命作ってくれたんだね。ありがとう。私たちのためにご馳走を作ってくれる人なんかいないよ」と、感謝するオンニまで、実にさまざまな人がいた。

店で「働く」女性たちは、たくさん酒を飲み煙草も吸うと思っていたが、酒を飲まない人が意外と多かった。とはいえ私が知っているオンニは、みんな煙草は吸った。煙草はオンニたちにとって生きる楽しみであり、気晴らしでもあったのだ。オンニたちは煙草の煙を見ながら、「人生も煙草の煙のようだ。こうして虚空をさまようものを」と、詩的な表現を使ったり、「煙草は私の人生だ、煙草なしでは生きられない」と、煙草礼賛論を繰り広げたりした。トックパーティーを開く日には、自宅のベランダはほの白い煙でいっぱいになった。

そして必ずゴーストップ〔韓国で行われている花札遊びの一つ〕が始まった。花札の有段者であるオンニたちと初心者の活動家たちが勝負をすると、最初はだいたい鈍感な活動家が勝つ。オンニたちは、「流れを壊す。やめろ」「ちょっと、そんなことしたら駄目だよ、勘を働かせなくちゃ」と責め立て、いびるのだった。ひるまずに堪えていた活動家たちがそっと抜けると、オンニたちだけの真剣勝負が始まる。どんなに花札が好きか、「パシッと花札を置く音」だけが果てしなく続いた。オンニたちが花札で遊んでいるあいだに、持ち帰り用にトック、餅、ゆで豚などを黒いポリ袋に入れた。オンニたちは最高の土産だと喜んだ。「またトックパーティーをやろう。楽しみにしているよ。おいしく頂きます」と連発し、風のように立ち去っていった。

だいたい年配のオンニたちが先に帰ると、そのあとは相対的に若いオンニたちと活動家たちが、口にできなかった話を交わしたりゲームをしたりした。そうして夜が更け、夜明けになるとやっとお開きになるのだった。母が作ってくれた料理が恋しいと言ったオンニの話から始まったトックパーティーは、年に一回ずつ開かれた。活動家たちは一年のうちで最も大きな行事と考えて、真心を込めて準備した。その日だけは活動家と相談者の関係ではなく、家という空間で顔を合わせる一種の大家族という関係ができた。

こうしてご飯の力と心の力で結び付いた私たちは、オンニたちが店から出て家を持ったり、結婚したり、子どもの誕生祝いをする時も、必ず参加し心から祝った。少ない給料のなかからみんなで少しずつお金を集めて祝儀を出し、炊飯器、掃除機など、生活に必要な物をプレゼントした。ニコニコ笑いながら「引っ越し祝いをしましょう。そうすれば幸せになるそうですよ」と言うと、オンニたちは仕方なく引っ越し祝いをした。オンニが一生懸命作ったご馳走を食べ、夜が明けるのも知らずにひとしきり楽しく遊んだ。ほとんど一文無しで店を出てお金がなかったオンニたちは、丘の中腹の坂道に建つ一部屋と台所だけの空間を借りていた。あるオンニの部屋には金色に塗られた子牛の置物がいっぱいあった。家を金色で埋め尽くすと、無病息災で長生きし大金持ちになるという迷信を固く信じていたのだ。

「もう少しで娘の誕生日よ。遊びにおいで」と、娘の誕生日に招待された活動家は、ケーキとプレゼントを持ってオンニのいる店に行った。ところが誕生日には違いなかったものの、娘とはなんと子犬だったのである。びっくりした活動家は、「娘というのは子犬のことと？」と言いたいのをぐっと我慢して、「オンニのお嬢さん、可愛いわ」と言って、子犬に「誕生日おめでとう」と祝った。オンニたちは同じ店で一緒に「働く」者より、子犬のほうを信じて面倒を見ているのだった。家族のように、友達のように、自分の子どものように大事にして心の支えにしていた。それで私たちは子犬をぞんざいに扱ったことなどないし、時にはサルリムが子犬だらけで「犬専門のペットショップ」になることもあった。子犬の誕生日を祝うためにケーキを持っていった活動家は、その後私から何回か小言を聞く羽目になった。「子犬の誕生日は祝うくせに、私には何で祝ってくれないの？　私は犬にも劣るの？」と文句を言うと、「オンニにとって子犬は自分の子どもみたいなものよ。人間なの」と、堂々と私の文句に耐え抜いた。

拉致されたオンニ

　真夜中に電話がかかってきた。「客から通報されて地区隊[15]に行ってきた。だけど私だけが馬鹿を見た。夕暮れに客を取ったんだけど、終わったあと客が、性売買は違法だから通報する、通報されたくなかったら金をとるな」と脅迫して、金を払わずに帰っていったという。オンニは「何時間か機嫌を取ろうとしたけど、だめだった。でも、花代は受け取らないわけにはいかない、私が罰せられるのはいい、だけど、その男は訴えてやる」と息巻く。地区隊に行った店主と玄関イモ、買春者がオンニを差し置いて互いに話を詰め、オンニの意思とは関係なく自分たちだけで手を打った、すぐに来て助けてくれとのことだった。

15　韓国の警察組織は行政安全部に属する韓国警察庁が頂点にあり、治安業務を地域的に分担するために各地域に警察署が設置されている。地区隊はその警察署の傘下にある組織。

店で会ったオンニは、「苦労したのに花代を棒に振った。店主がくれるわけでもなく、私だけが損した」、こうなったからには苦労した分の金を受け取るのは諦める代わりに、買春者を罰したいと言う。店主にオンニの意思を伝えると、「そんな事件はなかった」と否定する。しかし幸いなことにオンニが一一二番[16]に通報した記録が残っていたので、店主は認めざるを得なかった。買春者が通報すると言ってオンニたちを脅迫して支払いを拒んだり、事件化されて処罰されるのを嫌がる店主たちが、警察に通報せずにそのまま黙っている場合がほとんどなので、オンニたちだけが被害をこうむる。けれどもこの事件の場合、一一二番への通報記録が残っており、事件は警察に受理され店主が認めたので、オンニは明け方まで取り調べられたのである。

四、五時間という長い時間取り調べられていると、オンニは時たま覚えていないことを供述しなければならず、つらい思いをしなければならない。そんな時警察は、イライラして冷たく対応した。私はそんな警察と神経戦を繰り広げ、オンニと一緒に何回か陳述書を

16　警察への緊急通報番号、日本の一一〇番にあたる。

修正した。警察は誠意がなくつっけんどんなので心配したが、前払金が多かったオンニの立場が最大限反映された陳述調書を作成してくれたので、オンニは運よく処罰を免れることができた。

取り調べを終えて出てきたオンニは、「母の入院費が一か月に二百万ウォンかかるから、それを工面しなくちゃ」と、再び店に戻っていった。その後も店を出たり入ったりを繰り返していたが、あるうららかな春の日、「天気がいいので、そこに行きたい。もうこのトンネには戻らない。今まで苦労しながら生きてきた。この年になるまで何して生きてきたのかと思うと情けない」と語った。

その日以降オンニは店を出てシムトに入った。最初の何か月間は外に出ないで、食べて寝るという生活を続けていたが、ある日、友達に会いに行ったきり連絡が途絶えてしまった。非常招集された活動家たちが、やきもきしながら心ここにあらずの状態で時間を過ごしていると、夜遅くオンニから「店主に拉致された。助けてほしい。○○モーテル」というメールが送られてきた。すぐ警察と一緒にオンニが監禁されている所に行った。私たちが到着するや、店の関係者とみられる者たちがオンニに向かって聞くに堪えない悪口を浴びせた。彼らはすぐ地区隊に連行された。

店主がどうやって分かったのかシムトの場所を突き止め、何日間かシムトの前で待ち構えていたようだ。そうして出て来たオンニを車に乗せて拉致したとのことだった。拉致されるとすぐに携帯電話を没収されたが、うまい具合にもう一台持っていたので下着の中に隠しておいてトイレで連絡した。一触即発の危機的状況だったため、私たちはほっと胸を撫でおろした。

店での「仕事」を一度で辞めてしまう例は少ない。オンニたちの多くはほとんど社会経験がなく、知り合いも店の関係者ぐらいしかおらず、学歴も高くない。店を出たところで住む所もなかなか探せないので、出たり入ったりを何年か繰り返すしかない。かと言って、活動家たちが選択を強要することはできない。というわけで、店に戻ると言えば、「そうしてください。私たちが懐かしくなったり思い出したら、また来てくださいね」と言って送り出す。オンニたちは時たま思い出すと訪ねてきた。店に留まることと店を出ることとのあいだで悩みためらい、何回かあるいは何年か考えに考える。「でも店を出たらここに来ることができる。私たちはほかに行く所がないもんね」と話すオンニたちの姿がありありと目に浮かぶ。店にいようとそこから出ようと、私たちを信じてくれるオンニたちがいるから、私たちがこの場にいるのかもしれない。

続くオンニたちの死

釜山に何年かぶりにボタン雪が降った日のことだ。マンションの駐車場や路地、学校の運動場に雪が積もり、通勤に困難を極めた。降り注ぐ日差しが積もった雪に反射して、空を見上げられないくらいまぶしかった。その日事件が起きた。玩月洞○○館で「働いて」いたオンニが、買春者と一緒に近所のモーテルで外泊（性売買営業の一形態で、自分が「働く」店でない別の所で買春者と性売買をすること）中に買春者によって殺害されるという事件が起こったのだ。このことを知った活動家たちが駆け付けた時には、すでに遺体は片づけられていてテープが張られていた。

私たちは状況を把握するために警察に行った。警察は殺人犯を捕まえようと躍起になっていて、ほかのことは後回しにしていた。私は犯人を捕まえることと同時に、店とモーテルの捜査も徹底してやってほしいと要求した。だが警察は「被害女性には家族がいるから、何とかするだろう。最善を尽くす。店とモーテルの捜査は犯人を捕まえてからやるので、やきもきするな」と言う。つまり「干渉しないで消え失せろ」ということだった。

両親と連絡したいので連絡先を教えてほしいと言うと、連絡先は分からない、今日来ると言うから会いたければ待っていろと言う。一日中警察で待って被害女性の父親に会った。母親は驚きのあまり気を失い入院したので来ることができず、父親もオンニが玩月洞にいたことを知らずにいた。私たちは気を使って何と言っていいのか分からなかった。緊張感が漂い、警察からすべての事実を知らされた父親は、しばらくのあいだ涙を流し続けた。

遺体の検分〔韓国では遺体の解剖の際、家族や親しい人の立ち合いが可能〕のために被害女性の父親と一緒に病院に行った。家族以外は解剖室に入れないと言われ、私たちは終わるまで待った。解剖が終わって出てきた父親は、何度も悔しい気持ちを吐き出した。充血した目に涙をいっぱいためていた。少し休みたいと連絡先をくれて別れたが、その後連絡が途絶えた。

私たちは店主の性売買斡旋行為と殺人幇助、モーテル店主の性売買店違法提供に対する捜査を強く求めた。法的根拠がないと言っていた警察は、しぶしぶ捜査を進めた。店主は「被害女性」が店で殺されたのではないという理由で在宅起訴にとどまった。モーテル店主は「恋人の関係だと思った」と自分の嫌疑を頑強に否認し、嫌疑不十分で処理された。私たちは不当処分だとして嘆願書を出し、店主は結局拘束された。しかしいくらも経たないうちに釈放され、すぐに営業を再開した。

全過程を見守っていたオンニたちは、「死んだ者だけが悔しい思いをする」「女性団体はどうして店主を罰しないで黙っているんだ」と、大声を上げた。オンニたちは、自分がいつ悔しい思いをして死ぬ当事者になるかもしれないと、やりきれなさそうだった。「死んだ人のためにできることはないの」「何もしないでいるなんて切なすぎる」など、死んだオンニのために何かできないかと思っている様子だった。

悔しい思いで死んでいった魂をねぎらいたいというオンニたちの気持ちを汲んで、四九日法要を行うことにした。場所は乗鶴山《スンハクサン》の中腹にある尼寺で、四方がぱあっと開け絶景を誇る場所にあった。オンニが抱えていた心と体の傷が、自由にふわりふわりと飛んでいけそうな所だった。

活動家たち、玩月洞のオンニたち、店主たち、亡くなったオンニの妹が参席した。四九日法要は、僧と参席した人びとの真摯な気持ちで無事に営まれた。夭折したオンニが「この世で成し遂げられなかった望みがあの世でかなえられるように」「縛り付けられた身体から自由な魂となって、あの世で幸せになれることを」祈った。

四九日法要を執り行ったという話は、瞬く間にオンニたちのあいだに広がった。「ありがとう。死んだら誰が葬式をしてくれるのか心配していたけど、これで安心した」と、オンニたちは自分のことのように喜び感謝した。

買春者による死と共に、自ら死を選ぶという不憫な事件もあった。ある朝のこと、警察から連絡があった。海雲台六〇九近くのモーテルで、女性が薬物の過剰摂取によって息を引き取った。手帳に活動家の名刺があり、亡くなった女性と姓が同じなので家族かもしれないと思って電話したというのだ。

うつ病にかかっていたオンニは多量の睡眠薬を飲んだようで、部屋のあちこちに薬の袋が散らばっていた。幼い頃から孤児院で育ったオンニは、母親が近くにいても訪ねて行くことができなかった。家庭の事情が思わしくなくて、オンニを育てられなかったからだ。

オンニの母親を訪ねて亡くなったことを知らせたが、貧しくて葬式を執り行うことさえできなかった。家族がすぐ近くにいても訪ねることができず、辺りをさまよっていたと思われるオンニのことを考えると、悲しくて悲しくて胸が張り裂けそうだった。

家族がオンニの死に対して法的手続きを放棄したので、私たちが葬式の準備をすべて行った。まずオンニと一緒に生活していたシムトのオンニたちに、死を知らせなければならなかった。春だからかオンニたちの多くが重症のうつ病にかかっており、ほとんどがうつ病の薬を飲んでいたので、ウェルテル効果（有名人が自殺したあと、類似した方法で自殺者が続く現象）を恐れた。死を知らせたら、うつ病に苦しむオンニたちが次々に自殺するかもしれないと悩んだが、隠しているわけにはいかなかった。幸いなことにオンニの自殺は淡々と受け入れられた。そうして葬儀場に駆けつけて二泊三日[17]のあいだ共に泣き、いたわり合いながらその場を守った。

葬儀の準備は活動家たちが担当した。酒類と餅、食べるものを注文して弔問客を迎えた。

17　韓国の葬儀は三日間にわたって行われる。

活動家と理事たちが少しずつお金を出し合って、葬儀費用にあてた。弔問客がほとんどいないガラガラの祭壇の前は、オンニのこれまでの人生を表しているようだった。遺影を目にすると悲しさと寂しさが増し、それに加えて怒りが湧いた。いったいなぜ、二十代という若さで生を締めくくらねばならなかったのだろうか。何がそれほどまでにオンニの死出への旅を急がせたのだろうか。

出棺の日、火葬場に向かうオンニを咲き誇った花々が見送っていた。寂しさは悲しみとなり、涙が滝のように流れ落ちた。切なくつらい一日一日を堪え続けた二十年あまりのはかない命が、幕を閉じようとしていた。火葬が終わりオンニを天に送る儀式を進めた。周りでは新芽が出始め、その新芽に陽の光が愛を注いでいた。でもその光景を楽しむことはできなかった。悲しみにあふれて、まっすぐ立っていることができなかった。悲しさのあまりに息苦しさを覚えるころ、木の上で鳥が鳴き始めた。オンニが「ありがとうございます。元気でいてください」と挨拶しているようだった。「オンニ、この世でつかめなかった幸せをあの世で楽しんでください」。私たちみんなの願いを抱いてオンニは旅立った。それ以降も私たちが知らない店のあちこちで、オンニたちの死は絶えることなく続いた。

玩月洞店主との身震いするような三者対面

「娘が玩月洞で『働いて』いるけど、どうすればいい？　借金が二千万ウォンだそうで、それを返せば出られるらしい」とのことだったから、「二千万ウォンを何とか工面した。これから娘を助けに行こうと思っている。協力してほしい」という中年男性の電話を受けた。淪落行為等防止法では、性売買を前提とする前払金は無効とされているが、前払金を法的無効化するためには、警察の取り調べを受けるなど、法的な手続きを経なければならなかった。父親に前払金の無効化と法的手続きについて話したところ、「娘をこんな問題で警察に行かせたくない。お金を返して娘を出すだけにしたい」と、必死に頼み込まれた。活動家が警察に通報することを粘り強く説得したけれど、父親は頑として譲らないので、悩んだ末に父親と一緒に忠草会の事務室で会の総務担当者に会うことにした。

店主に借金を返すために父親がお金を持ってきはしたが、かといって、単に店主に金を渡せばオンニを連れて帰ることができるなどという単純な話ではなかった。どうすればオンニを連れ出せるか悩んだ末に、総務を説得することにしたのだ。父親が警察に通報しようとするのを、活動家がほかの方法があるからと止めて、忠草会の事務室に一緒に来たように芝居をし、店主に前払金を放棄させるようにしようとしたが、父親は、自分は芝居なんてできない、金を渡すだけにしようと言う。「もしばれたらどうしよう、店主たちが押しかけてきて脅迫し、悪罵雑言の限りを尽くして殴ったら、どうしよう」。活動家は玩月洞に行く道すがら、店主と対面する際に、淡々とそして毅然と対応できるよう何回も練習した。

父親を連れてトンネの路地を上っている時、足がガクガクと震えた。いつもは見えていたトンネ入り口の教会、ポケットパーク、守衛所、店などが、一つも目に入ってこなかった。自分たちの足音や心臓の震え、たまにそばにいる者の咳の音が聞こえてくるだけだった。店主がオンニたちをこっそりとほかの場所に移し、そんなアガシはいないと言ったらどうしようと心配したが、それは杞憂だった。一緒に歩いているあいだひと言も発しなかった父親は、みちみち店の規模と内部の様子を見て、強い衝撃を受けたようだった。父親の顔には怒りと驚愕の表情が入り混じっていた。警察に通報しないと言っていた彼は、憤懣やる方ないといった声で「店主を訴えてやる。何でこんなところに娘を置いてるんだ、なんで二千万ウォン渡したんだ、本当に渡したのか、娘が体を売って、それで誰がいい思いをしているんだ。ただではすまないからな。娘はどこにいるんだ、すぐに出せ、警察に訴えてやる」と、髪を逆立てる勢いでまくし立てたのだ。

総務はあたふたして、懸命に父親をなだめようとした。父親が激怒したおかげで店主との交渉はうまく進んだ。二千万ウォンを店主に渡さなくても、オンニは家に帰ることができたのだった。

店主とオンニたちが前払金について交渉する際、私たちはそのあいだに入って仲裁しないことを原則としていた。しかし時たま、こういった原則を破る場合があった。性売買事件でオンニが警察で取り調べられると、被疑者となって捜査や処罰記録が文書に残ることになるので、オンニが望めば活動家が交渉人となり、たまにこのような役割を担うこともあったのである。

店主の死と活動家たちのトラウマ

ある日の朝、オンニが慌てふためいて飛び込んできた。「○○館店主が自殺してほかの店主たちが興奮している。相談所に押しかける勢いだ」から、すぐ逃げるようにとのことだった。午後になると忠草会の総務等、何人かの店主が乗り込んできた。そしていきなり大声でわめき立てながら責め始めた。「お前たちのせいだ。お前たちが性売買防止法を作ったから何か月も商売ができず、とうとうこんなことになってしまった」「亡くなった人に申し訳ないと思わないのか」「明日の葬式の時、ここに来て路祭《ノジェ》〔出棺時に路上で式を執り行うこと〕をやるからな」「一緒に死のうじゃないか」と、ありとあらゆる言葉で脅迫し続けるのだった。実際にナイフや毒薬を持ってきた店主もいた。

店主たちが帰っていったあと、顔が広くトンネの様子に詳しいオンニが事情を説明した。

それによると、「自殺した店主が運営する店にはアガシが二、三人ほどいた。前払金も多いわけでなかったし、ほかの店主とあまり付き合いがなかった。それにサムチョン(男の主人)とイモ(女の主人)との仲も良くなかった。防止法以前から商売はうまくいっていなかった」とのことだった。玩月洞のいくつかの店と比べると、大きくなかったこと、オンニたちが少なかったこと、前払金をたくさん取らなかったこと、性売買防止法ができる前から営業が芳しくなかったことなどを考えると、自殺は性売買防止法が原因だとは考えにくい。しかしメディアは事実関係を確認しないまま、性売買防止法によって店主が借金し生活苦に陥って自殺したと報道したので、店主たちは私たちに腹いせしようとしているのだった。

店主たちの突然の乱入にびっくりした活動家たちは、その日の夜、店主たちが棺を担いで相談所前で路祭を行う悪夢を見た。それも活動家の多くが同じような内容の夢を見たのである。心身のトラウマが夢となって現れたのだ。人にくらべてたくさん夢を見るほうでそれも正夢のことが多い私は、「棺の夢はよい夢だ、将来よいことがたくさん起こる兆候だ」と言って、活動家たちをなだめた。その日は仕事が手につかず、二、三分おきに窓の外を眺めてそわそわしていた。けれども棺はやってこなかった。

その後、また別の店主が自殺した。玩月洞では性売買の代価をカードではなく現金で支払う。そのためトンネの入り口にATMが設置されており、買春者はそこを利用する。一晩で何十億もの現金が入ってくるわけで、銀行預金よりは契《ケ》[18]で財産が吹き飛ぶ人がたくさんいた。契の規模は想像を上回っていた。

一九八〇年代から九〇年代は何百億ウォン台の契がいくつかあったのだが、九〇年代後半から減り始め、二〇〇〇年代初めには百億ウォンを超えるものは一つを残すのみとなった。二百億ウォン台の契を仕切って、代々玩月洞で女性たちを売買してきた有力店主が自殺したのだ。買春者がトンネを訪れなくなったので金が入ってこなくなり、同時に契の掛け金も集まらなくなったために、決まった時期に構成員に掛け金を渡せなくなってしまったというわけだ。すると構成員のほとんどを占めていた店主たちから、あらゆる限りの侮辱の言葉を投げつけられ苦しめられるという状態に陥り、恥ずかしさと屈辱に耐えられなくなって、自ら死を選んだのだった。

18　日本の頼母子講に似た私設金融の一つ。

店主たちは出刃包丁や毒薬などを持ってサルリムに押しかけ、また大暴れした。サルリムは自分たちの腹いせの対象であり、トンネの厄介者だったからだ。私は店主たちに「性売買防止法が問題だったら政府機関に行って抗議すればいいものを、何で力のない私たちのような者に腹いせをするんだ」と言って渡り合った。

頻繁に奇襲が繰り返されるので、入り口に非常ベルを設置した。全員出勤すると鍵をかけ、誰かがインターフォンを押せば確認したあとドアを開けた。しかし実効性はあまりなかった。非常ベルを設置してからは店主たちの奇襲はほとんどなくなったが、毎日立ち寄るオンニたちは適応しなかったからだ。オンニたちはインターフォンを押さずに、ドアが閉まっているからと帰っていったり、どうしてドアを閉めておくんだと腹を立てたりした。

あの時店主たちから放たれた悪口は、私が一生かけて聞いても余りあるくらいひどかった。あの人たちはとんでもない才能の持ち主だった。悪口を単語で言うのではなく、文章でまくし立てるのだ。本当に悪口の実力たるや、ずば抜けたものがあった。

玩月洞文化祭「オンニ、遊ぼう」一

夜昼を問わず玩月洞に出入りしていた私たちは、そこの矛盾を目にした。玩月洞周辺には住宅街、教会、公園などがあり、十数か所の出入口がある。あるブロックの下ではバスが走り、それほど遠く離れていない所にチャガルチ市場がある。夕方になると白いドレスを着た女性たちがガラス窓に座り、通りは性を買う男たちであふれかえった。玄関イモは通り過ぎる男を店内に引き入れ、女性を管理し監視して売買する役割をはたす。夜が深まるにつれて通りを闊歩する買春者たちは増えていき、女性たちはガラス窓に閉じ込められたまま男から選ばれるのを待った。選ばれた女性は部屋に閉じ込められて、その夜を耐えねばならなかった。

十メートルもない玩月洞の通りは他者の通りであり、買春者の空間だった。誰もが接近を許されるわけではなく、少数の者だけが権力を行使し、刹那的な欲望が通り過ぎる所だった。誰かにとってはパラダイスでも、誰かにとっては巨大な肉体的、精神的監獄だった。そこは女性たちの性売買によって利潤を生みだす者たちの空間であり、買春者たちの空間だった。女性たちはここでは徹底して他者化されていた。

私たちは、ほんの一日でもオンニたちがここで解放され、自由を楽しみ、文化に接する時間を持てるようにしてあげたかった。それで社会とのコミュニケーションを夢見て、「オンニ、遊ぼう」という行事を計画した。のど自慢大会、映画上映、街角写真展やオンニたちの手作り作品展示会を行い、トンネの人たちが食事を分かち合うフードフェスティバルも開く計画だった。

玩月洞ができてから初めて、店主と女性たちの同意を得て一斉休業が行われた。しかしながら準備の過程は平坦とは言えなかった。「この行事が終わったら、玩月洞での商売ができなくなるんだって」「行事ができないように集会届けをしよう」「行事をしたら玩月洞は死んでしまう」「サルリムは玩月洞を殺そうとしている」等々、ありとあらゆる不確実なデマが飛び交い始めたのだ。オンニたちも「うまくいくの？」「ここでそんな行事をす

オンニたちが毎晩座っていたガラス窓。

るなんて、私たちはいいけど店主たちが黙っているだろうか」と、期待と不安の気持ちが混じる反応を見せた。開催日が近づくにつれて、のど自慢大会で一等を取るんだと、毎日一、二時間ずつカラオケに行って歌の練習をするオンニたちもいた。

ところが行事が開始される二、三週間前から、玩月洞周辺の商人と何人かの店主が、サルリムと相互協力するという約束を反故にして、行事の開催を頑強に阻止するための行動に突入し、店の関係者たちが実力で阻止したために、トンネの入り口にプラカードを掲げようとしていた計画はあっさりと消えてしまった。警察は、「トンネの人たちが興奮しているので、分かってやれ。行事が始まる前に垂れ幕を架けられるよう協力する、うまくいくだろう」と言う。しかし商店主たちは行事前日の夕方、活動家たちが架けていたプラカードを剥ぎ取り地面に投げ捨てて邪魔をした。この時警察が、「今日は警察官がそれほど出動していないので、互いに無駄な争いをしないほうがいい。おとなしく帰りなさい。明日は機動隊が来るから、プラカードや舞台装置などは全部できるようにしてやる。〇〇警察署の会議で、行事当日は警察官二百人を投入して円滑に終わらせるように決まった」と言うので、私たちは愚かにもその言葉を信じてしまった。いや、信じたかったのかもしれない。

行事の開催を確約していた刑事は、まさにその日に息子の結婚式だと姿を現さなかった。

当日の朝七時に、舞台設置チームが設営のために玩月洞に進入しようとしたところ、どこからやって来たのかおじいさんやおばあさんたちが入り口を占拠しており、店主や商人たちがトンネの中から私たちを眺めていた。行事会場に入ろうといろいろ試してみたけれども、店の関係者たちが頑強に阻止したために、入ること自体が不可能だった。

関係者の中には喪服を着て現れ、「トンネを殺すつもりか」と言って地面を叩きながら哭泣する者もいた。店主たちは自分たちが法に背く営業をしていることが分かっているので、商人連合会を前面に立てて後方で操っていた。

行事の関係者が設営のために荷物を降ろすと、店の関係者は車の進入を妨害して道具類を奪い取り、活動家たちを押しのけた。そうして、悪口を浴びせながら物品類をつかみ投げた。商人たちは大がかりな喧嘩を仕掛けてきて、一人の活動家の首を絞めた。ほかの活動家も商人たちに髪の毛をつかまれたり足で蹴られたり、踏みつけられたまま顔を引っかかれたりした。なかには爪が割れてしまった活動家もいた。誰かが角材で脅して「殺してやる」と言いながら、相談員の服を角材で突いた。公演の企画者たちは地面に転んだ状態のまま商店主たちに殴られていた。

警察に対応を要請しても、警官は「入り口を塞がれているのに、どうしろと言うのですか。われわれだってどうしようもないです。話し合ってください」と言うばかりだ。活動家が「商店主たちの暴力を止めてほしい。これは不法集会だ」と言うと、「集会の時間前に準備するのも集会だ」と、むしろ商店主たちの側に立った。それで「出入りすることすらできないようにするなんて、それがなんで平和集会なのか」と抗議すると、警察は活動家たちに腹を立て、「これ以上は知るか」と言って、何もせず行ってしまった。

無差別的な暴力と妨害行為が二時間余りものあいだ続けられた。玩月洞でサムチョンと呼ばれている男は、活動家に「××を金串でほじくる」といった侮蔑的な言葉を吐くと共に、煙草の火を顔の前に近づけて「顔を焼いてしまうぞ」と、脅した。その男はマスクを外し活動家たちの顔に近づけて脅迫し、オートバイに乗って活動家たちにぶつからんばかりに暴力的に接近した。商人たちはシンナーを満たした瓶と肥桶を持って、「火をつけるぞ」「みんなで死のう」「糞を撒き散らすぞ」などと言い放ちながら脅迫し、そのうえ鉄の棒で脅すのだった。

状況が切迫すると、義務警察[19]が出動し、居酒屋○○の路地に兵力を配置した。彼らは私たちに「××を蹴飛ばすぞ」「お前が代わりに店に行って体を売れ。××アマ、××アマめが」などなど、あらゆる悪口を怒鳴り散らした。私たちはとうてい口にできないような悪口を一日中耳にしながら、無防備な状態でその場に置かれていたのだった。

五月のその日は、そうして暮れていった。冷静かつ理性的に考えて撤収するという判断を早めにしなければならなかったのに、店主たちに負けられないといった自尊心やこだわり、そして感情に流されたあまりに理性を失ってしまった私は、活動家たちとボランティアたちを暴力的な状態にさらしたまま、終日じっと耐えていた。行事開催の是非を警察に全面的に依存していた愚かな状況判断のせいで、このような惨劇を生んでしまったわけだ。三回にわたった話し合いは決裂に終わり、十四時間以上にわたって対峙した状態は終わった。六人の活動家が全治二週間と診断され、行事は雲散霧消してしまった。

行事は雲散霧消したが、用意した食べ物はそのまま残った。その食べ物だけでもオンニ

19　兵役の期間、軍で服務する代わりに業務補助をする警察のこと。一九八二年に始まり二〇二三年五月に廃止されたあと再導入の話があるが、今のところそのような動きはない。

たちに分けたかったので、その日だけは絶対に行きたくなかった所、悲しすぎて涙すら出なかったその場を訪れた。入り口に立つと、地面をぐっしょり濡らしたマッコリのにおいが鼻を突き、それはトンネ中を覆っていた。私は大きく深呼吸し緊張せずに泰然としているふりをしようと努めながら、トンネに入っていった。突然五、六十人に囲まれた。と同時に恐怖感に襲われた。彼らは私に悪口を浴びせて喧嘩を仕掛けてきた。店の中に入った私は、忠草会会長（七星派《チルソンパ》出身）[20]と商人連合会会長に強く頼み込んだ。「食べ物がたくさん残った。残った食べ物をオンニたちに分けてあげたい。今日食べないと悪くなって捨てなくてはならなくなるので、食べ物だけでも配れるようにしてほしい」と。その時突然商人連合会会長が、私と一緒に来ていた解語花会長に向かって、口にするのも恥ずかしい悪口を言い始めた。それは解語花会長にかこつけて私に言っている悪口だった。

店主たちは酒瓶を持ってきて飲み、大声を上げながら脅迫じみた行動をとった。腹が立った。けれども心を落ち着かせて平然と車に乗った。車に乗った途端、抑えられなくなって

20　釜山を基盤にする韓国内で有名な大規模暴力団。

口から出るのに任せて心行くまで悪口を言い放ってやった。

そして一か月余りを「涙の女王」らしく、泣き続けて過ごした。徹底した準備ができなかった自分の無能ぶりに怒り、警察と店主たちの約束を信じた愚かさに対して嘆き悲しんだ。また、どんな空間でも人びとが自由に行き来することができ、文化的な生活を営む権利がある民主主義社会への信頼が裏切られたことへのやるせなさでもあった。

「オンニ、遊ぼう」の行事が泡となって消えてしまったあと、警察署長の職務放棄を訴える陳情書を警察庁に提出した。私は陳情人の資格で警察での取り調べを受けた。その後、警察署内で大々的な人事異動が行われた。しかし行事に関与していた者はほかの地域に左遷されたり、部署が変わったりしたのに、実際に責任を取る者は誰もいなかった。陳情人の資格で取り調べを受けに行った日、当時話し合いに参加していた警官から「所長さん、そんな人とは思わなかったのに、二重人格者ですね」と言われたので、私は「人間なんてもともと多重人格者でしょう」と言い返して、言い争いを繰り広げた。

「オンニ、遊ぼう」が空中分解した記憶を引っ提げて、その年の十月、地域の文化芸術家たちと一緒に南浦洞《ナムポドン》ＢＩＦＦ広場[21]で、性売買防止法一周年記念文化祭Ｑ＆Ａを開催した。行事ができなかったおかげでお披露目の機会を失った展示作品が、ここで日の目を見ることができた。案の定玩月洞関係者たちが姿を現し、オートバイで舞台の前をふさいだり準備を邪魔したりするなど、文化祭が終わるまでこれでもかとばかりに妨害し続けた。しかしこのような行動はむしろ人びとの関心を引き、彼らは非難の的になった。

映画祭の期間中だったからか一万人余りの人たちが集まり、行事は盛況を博して無事に終わった。行事の最後を飾ったのは、テドンノリ[22]だった。展示されていた紙飛行機を大型の赤い布につけて、空高く飛ばした。そして「ペンノリ」[23]などの曲に合わせて一緒に布を持ち、カンガンスルレ[24]をしながら輪になって踊り、声を上げ続けた。玩月洞内にいる者だけの空間から私たちの空間へ、閉鎖と抑圧の空間から開放とつながりの空間へと出

21　南浦洞にある広場で、毎年秋に盛大に開催される「釜山国際映画祭（Busan International Film Festival）」の頭文字から名付けられた。「ビップ広場」と呼ばれている。
22　昔から伝えられてきた遊び。力がなく抑圧された者たちが、一つになって新しい世界を夢見るという性格を帯びている。
23　韓国の伝統民謡の一つ。
24　旧暦八月一五日の夜にきれいに着飾った女性が空き地に集まって、「カンガンスルレ」と歌いながらぐるぐる回る遊び。

てきた私たちは、解放感に浸ることができた。行事に参加したオンニたちから「あのトンネでもこんな行事ができたらいいのに」と口々に言われ、私たちはそのオンニの言葉に胸がじいんとなり、それはやまびこのように広がっていった。

玩月洞文化祭「オンニ、遊ぼう」二

行事が水泡に帰したあと、朝から晩までずっと玩月洞関係者たちと対峙する状況に置かれていた活動家と、その光景を見守っていたオンニ、玩月洞の店を出て活動家となった者たちが、自分の心境を書き綴った。ここにそれを記しておく。

「オンニ、遊ぼう」の計画が水泡に帰したことに寄せて　一

相談所で働き始める前、私は玩月洞で二年間という歳月を性売買によって生きてきました。玩月洞で「オンニ、遊ぼう」という文化行事を開く話を耳にして、これまで韓国国民でありながら国民として扱われてこなかった、ただ性暴力や強姦からこの国を守る

ための、単なる必要悪としての存在に過ぎないと思っていた自分が、ようやく韓国の国民になれると思い、どんなにわくわくしたことか。

それなのに行事当日、同じ韓国内で生きているのに排除され捨てられたオンニたちの姿を目の当たりにしました。私もまた玩月洞という小さな城を目にし、私が玩月洞にいる時には感じなかった巨大な壁を見て、知らず知らずのうちに涙を流していました。そこで行われている人権侵害は、オンニたちにのみ当てはまるのではありませんでした。サルリムの活動家とボランティアたちもまた人権を蹂躙されたのです。私はそこで、店主や商人たちが暴力を振るったり暴言を吐いたりすることに全く対応せず、むしろ傍観し放置している警察の姿を見ました。

店主たちと対峙しているあいだも、国民を守るためのものであるはずの警察は、止めようともせず腕組みをしたまま見ているだけでした。商人や店主たちと嬉しそうに握手する警官、私たちの方にやってきて商人の立場を伝えるだけの警官、やるなと言われたらやらなきゃいいだろうに、何でやるんだと問い詰める警官、私たちが一方的にやられている最中でも写真を撮るだけの警官、車道の向い側に隠れて見ている警官、私は知りませんでした。韓国内にはこんなにたくさんの仕事を分担している警官がいるのに、どうしてあの日、私たちを助けてくれる警官は一人もいなかったのか、どうして手助けしなかったのか、私には分かりません。

　商店主たちもまた、口を極めてオンニたちのためだと言います。しかし、そう言って実際にしてくれたことは何なのでしょう。つけで物を売りつけることなのでしょうか。私には到底あの人たちの言う「オンニたちのため」とは何なのか分からないし、その商人たちが今まで稼いだ金はどこにいったのか、性売買防止法が施行されて一年にもならない今、商店主や店主たちは借金が数千万ウォンと言いますが、そんな話はまったく理解できません。ここで十年以上も商売をして大金を稼いだからこれまで商売ができているのではないか、稼げていなければ出ていけばいいものを、どうして残っているのか理解できないのです。

　ある商店主は、自分はここで商売をしながら娘をノースカロライナに留学させたと言っています。オンニたちのためにたった一日、私心を捨てて行事のことだけを考えて楽しめるようにしてやれないのか、どうしても理解できませんでした。玩月洞という所は大韓民国ではなく、玩月民国《ワノルミングク》でした。大韓民国の中にある、また別の国家だったのです。オンニたちは、店主たちが自分たちをこれほど冷遇するなんて思ってもみなかったでしょう。私もまた、玩月洞に居続けていたら気が付かなかったと思います。あの人たちがあんなに私たちを蔑視するなんて……。

「オンニ、遊ぼう」の計画が水泡に帰したことに寄せて　二

（前略）行事がだめになるかもしれないという危機に直面していたころ、オンニたちは玩月洞の中で活動家たちに何回となく電話をしたり直接会ったりして、自分たちの立場を伝えていました。「私たちも一緒にデモをしなくちゃ」と言い、「私たちのために祭りを開こうとしているのに、商人たちは何で反対するんだ。昔私たちがあんなに搾取されて困難な時に、店主の味方をした私たちから搾り取っていた連中が、今になって私たちのためだって？」と言ったりしていました。

けれども玩月洞の現実は、力のある店主や商人に比べてオンニたちの数が多いという

のに、最大の被害者であるオンニたちが声を上げるには、あまりに高い城壁と言うほかありませんでした。これは、性売買の現場は女性たちの声を排除し抑圧する場所なのだと改めて示す、権力構造の姿をさらけ出していました。玩月洞という所は、韓国の中でも非常に聖域化された場で、決められた者たち（買春者と搾取者）を除いては入っていきにくい場所だったのです。

行事の場所は重要ではないのかもしれません。でもこの行事は「空間」の問題が一番大切でした。オンニたちが暮らしているのに、オンニたちが許可したのに入っていくことのできない空間……。その空間を捨てたくありませんでした。その空間を捨てたらオンニたちを捨てることになるのだと思いました。店主と商店主たちが我が物顔で振る舞うそこにそのままオンニたちを置いて出るのが気にかかり、最後までその場で行事をやりたかったのです。（後略）

「オンニ、遊ぼう」の計画が水泡に帰したことに寄せて　三性売買の問題をいろいろ考え、玩月洞について知るようになったころから、オンニたちと一緒に玩月洞文化祭を開きたいと思っていた。それなのに、商人と一部の店主たちとが結託し、そのうえ警察が傍観して商人と店主たちとを守ったために、文化祭は結局開かれないまま台無しになってしまった。

世間がどんなに残忍か、自分の利益のためにはなんでもやるということを、いやというほど見せつけられた事件だった。一人の人間が徹底して世間と隔離されたまま、自分の体を売って搾取者を食べさせ生活させていながら、自分たちのために開かれる行事にはひと言も口を差し挟めず、沈黙するしかないという現実に直面せざるを得なかった。自分の体を売りながら家族だけでなく、ヒルのようにつきまとって血を吸いとる者まで食べさせなければならないオンニたち。それでいて誰も彼女たちを認めようとせず、むしろ非難する現実が痛ましすぎる。違法行為をする店主たちは表に出られないので、連中は徹底して、合法的と主張する商人たちを後ろで操っていたのだった。（中略）

サルリムは玩月洞で性売買をしているオンニたちを全面的に支持する立場を取り、店から被っている苦しくてつらい状況を一日だけでも忘れようという趣旨のもと、行事を計画した。それが、サルリムが綿密な計画の立案を怠ったものだから、下劣で力を持つ者たちのせいで行事の趣旨が歪曲され、まんまと敵の掌中に落ちてしまったのである。

多くの者が、世間には正義がありすべての人間にはもともと善が備わっていると言う。しかしここで私は、自分の利益を前にするとどんなことにも目を閉じてしまう人たちが存在するという現実を目の当たりにした。オンニたちをこれまで以上に傷つけてしまったのではないかと思うと、申し訳ない限りだ。

店主たち、国民監査[25]を請求する

集結地自活支援事業は二〇〇四年、性売買防止法制定と施行に伴って集結地の女性たちが政府に生存権を要求し、政府がこれを受け入れると同時に施行された。この事業は現場の団体が直接性売買店を訪問して、女性たちと会い、職業・健康・法律などについての情報を提供するものだ。と同時に女性たちと親密になり、そのような関係をもとに、女性たちが店から出てほかの仕事に就くことができる機会を提供する。また性売買集結地は、性売買が違法にもかかわらず性売買を堂々と表に出している場なので、法の実効性を高めるために、女性たちに対する支援と併せて集結地の閉鎖をも目的としていた。

25　一八歳以上、三〇〇名以上の国民の名前、電話番号、生年月日、住所、職業などが記載された「請求人連名簿」を添付して監査院に監査を要請する制度。

二〇〇七年は集結地の女性たちに対する支援と、集結地閉鎖猶予期間が終わる年だった。その年の初めから政府は、集結地整備・閉鎖促進のための多角的計画の立案を開始した。韓悳洙《ハンドクス》国務総理被指名者は[26]、「性売買事業店主とビルのオーナーが補償金と開発利益を要求すること」に「反対」の立場を表明した。そうして、「店主とビルのオーナーに対する取り締まりと処罰を強化し、処罰時に犯罪収益を没収・追徴しなければならない」と語った。また洪美英《ホンミヨン》国会議員も、「店主とビルのオーナーに対する取り締まりと処罰を強化し、処罰時に犯罪利益を没収・追徴しなければならない」と述べた。

集結地閉鎖・整備関連関係者たちの立場が明らかになると、現場の団体も具体的な行動に取り組み始めた。性売買なるものが始まって以来、無の存在として生きてきた彼女たち、疎外された生の空間で体を売って他人を食べさせ生きさせてきた、自分たちだけの痛みを丸ごと抱えて生きていく、生の空間であり痛みの空間でもある集結地が閉鎖されれば、オンニたちは行く当てがなくなってしまう。何の補償もなくオンニたちが追い出されるのを、

26 韓国ではまず大統領が国務総理（首相）を指名し、それを国会で可決したあとに、大統領が正式に任命するという形をとっている。ここではまだ被指名者のままの状態。

指をくわえたまま見ているわけにはいかなかった。

そういうわけで私たちは、ビルのオーナー、地主、店主たちが不法に稼いで手にした違法な収益を没収・追徴する根拠を作るために、釜山、大邱、光州等、全国十地域の性売買集結地のビルのオーナー、地主、店主たちを「性売買斡旋等の行為の処罰に関する法律違反」で告発した。

告発状が受理され、釜山と大邱地域の警察署で取り調べを受けた。警察は、「性売買行為を特定できる証拠」を要求し続けた。私は相談の事例やトンネで目撃した呼び込み行為の場面、団体客がバンや観光バスで乗り付けて出入りしていた場面、買春者が店に入っていく状況について具体的に供述した。そして、性売買集結地は通常性売買がなされる場所だということは、誰もが知っている事実だと述べた。しかし警察は、店ごとに性売買が特定できなければ処罰できない、と言う。

現場に出動して捜査するより供述に依存する警察の誠意のない態度に、燃え上がっていた熱意は少しずつ冷めていった。何か月か過ぎて警察からの決定通知文が山となって届いた。ほとんどが「却下」（行政法上、国家機関に対する行政上の申請を受け取らない処分）や、「不起訴処分」（検事が一定の条件を満たしたと判断した場合に、公訴しないこと）だった。持っていた証拠をすべて提出したのに、結果は惨憺たるものだった。

告発人として警察の事情聴取を受け、一つずつ結果を受け取っていたところ、知人から当惑するような話を聞いた。「店主たちが集結地店主・ビルのオーナーに対する共同告発に対応して、国民監査請求を監査院宛に準備しており、どうもサルリムを主な標的にしているようだ。気をつけたほうがいい」ということだった。店主たちが現場で活動する団体に打撃を与えるために全国単位で店主を組織し、オンニたちに陳述書を書かせるなどの反撃を準備したようだ。その実態は、二〇〇八年四月三日に明らかになった。

〇〇〇ほか六一三名は、集結地自活支援事業について監査院に国民監査を請求した。請求要旨は、「集結地自活支援事業遂行団体は、実績を過大に見せるために、非対象者に生計費を支給し、回収した支援金を不当な方法で使用」したというものだった。

国民監査請求書には六名分の陳述書が添付されていたが、みんな玩月洞のオンニたちだった。オンニたちに陳述書を見せたところ、自分は書いた覚えがないと驚いていた。ただ〇〇荘の店主から生計費を支給されたか聞かれたので、あると応えたところ、サインしろと言われてサインした。でも、内容は見せてくれなかったので知らなかったとのことだった。それに六名のうちの一人はハングルを書けないオンニだった。オンニたちが陳述書を詳しく読んでいなかったわけだから、彼女たちのせいにはできなかった。

本監査の前に予備監査があり、二日にわたった予備監査では問題となる点はなかった。本監査は行わないという情報が、玩月洞の店主の間に流れた。店主たちはＫＢＳ〔韓国放送公社〕９時ニュースにこの事実を知らせ、ＫＢＳの記者が取材にやってきた。記者は店主たちから聞いた間違った情報をもとに、オンニたちが書いた陳述書の事実関係について私に質問した。私は間違った情報であることを指摘した。それなのに私の話は無視して店主たちの主張だけを放送し、こうした悪意のこもった放送によって本監査を受けることになってしまった。

全国の性売買集結地自活支援事業を遂行する団体は国会記者会見を開き、ＫＢＳと監査院に抗議の意を表し直接訪ねていった。私たちは、六一三名の請求人の住所を根拠に、請求人が利害の当事者なので国民監査請求をすることはできないと、監査の不当性を指摘した。そして監査が実施される場合、透明性を保った監査をすると共に、今回の監査によって集結地自活支援事業の正当性を傷つけることなく、また事業遂行団体を委縮させることのないようにしてほしいという趣旨の意見を伝えた。

やましいところはないので、問題になることはないと思った。むしろこの機会に地域社会で広まっているデマを洗いざらい整理し、災い転じて福となるようにしようと、活動家たちは誓った。私たちはこれまで「サルリムの所長はお金を横取りして家を買った」「BMWに乗っている」「活動家たちの給料は数百万ウォンだ」などという、まったく根拠のないデマに悩まされてきた。監査が終わったあと分かったことだが、事実ではないのに公務員たちも店主たちが広めたデマをそのまま信じていたとのことだった。

監査を受けているあいだ、労苦をいとわない活動家たちは、集結地自活支援事業の効果に懐疑的な監査院関係者たちと熾烈な舌戦を続け、両者は事案ごとにことごとく衝突した。活動家たちは自分たちが進めていることにそれなりの信念を持ち、それを原動力にして動いていた。それゆえ、監査院が現場の特殊性を認めず、事務的かつ杓子定規に業務を処理しようとするのを許すことができなかったのだ。

九月ごろに監査決定文が届き、それを読んだ区役所の関係者から、「本当にお疲れさま。

私も監査院の監査を受けたことがあるから分かるけど、この程度だったらよくやったほうだ」と言われた。監査決定文では、性売買被害者への医療費用支援関連規定についての指摘と、今後性売買集結地自活支援事業に対して指導監督を徹底せよという内容以外に、何も言及されていなかった。

性売買集結地域共同告発から始まった性売買店関係者との対立は、関係者が国民監査を請求したことでその頂点を極めた。そして全国でオンニたちを支援するために活動していたサルリムは、彼らの主な攻撃の的となった。私たちは店主たちにひどく痛めつけられた。だが地域社会に漠然と広がっていた、サルリムに対する「悪意のこもったデマ」は、きれいに一掃されたのだった。

集結地に文化と人権を根づかせる

「朝鮮半島最初の遊廓」、性売買集結地玩月洞。それは、釜山の昔の中心地である旧市街に百年以上前に伝えられたまま、歴史がそのまま今も変わりなく座を占めている。繁華街のチャガルチ市場、南浦洞と至近距離にあるので、人びとが行き来するのに便利ではあるが、「性売買」の場所という空間的特性のために、近づくには制約が伴う。たくさんの女性が住んでいるにもかかわらず、女性が出入りしにくい場所である。「女が夕方に店の敷居をまたぐと縁起が悪い」といって塩を撒いたりするなど、女性に対する「タブー」が強く残っている所だ。また男性たちも大多数が心理的に近づきがたい場所でもある。そこに出入りするのは、すなわち「性を買う人」だと思われるからだ。

実際のタブーと心理的距離が厳然と存在する都市の中の「島」、見えない城壁で囲まれたそこに近づくために、私たちは絶え間なく努力してきた。自分たちでゆでた卵を何百個も持って路地を上り下りし、寒い冬の夜、道に座ってオンニたちと一緒にぽつぽつと空の星を数え、緊急要請してきたオンニを迎えに店に入って行き、周りの商人たちや性売買店関係者たちと反目したりひと悶着しながら、接点を探っていった。何回も何回も玩月洞と向き合ううちに、ある日ふと、そこに住む女性たち、そしてその「トンネ」が見えてきた。そこはトンネというにはあまりに索漠としていた。五・六階建ての旅館様式のビルと、区画された路地。昼はうら寂しく、夜になると赤い灯りですべてが覆われていた。そこに住む女性たちが楽しめるものなどなかった。というわけで、たとえ一日でもほかの人たちと一緒になって楽しめる心温かい文化行事をしようという趣旨のもと、二〇〇五年、「オンニ、遊ぼう」文化祭を企画したのだが、結局かなえられなかった。玩月洞は頑固にその場を守っていた。

そうこうするうちに、釜山をはじめとする全国の性売買集結地で少しずつ変化が起こってきていた。もちろん開発によって跡形もなく消えた所もあった。その一方で、国家が放置し黙認していた暗い歴史があり、女性の人権の現在地を赤裸々に見せるそこを記憶し記録して、保存しなければならないという声が、女性団体や市民社会を中心に次々と上がっていた。

全州《チョンジュ》「ソンミ村《チョン》」性売買集結地は、二〇一四年から民官協議会を発足させ、市民団体、自治体、そして村の住民たちが一緒になって、ソンミ村をどう変えるかについての話し合いを粘り強く続けてきた。二〇一六年には、椅子とガラクタを収集してソンミ村の空き地で世間と触れ合う、「とても古い椅子」展を開いた。「ソンミ村を再びよみがえらせる」という意味のリ・ボーン（re-born）プロジェクトは、全州市が買い取った性売買店の中で、女性人権ビエンナーレ展を開いている。大邱の性売買集結地「チャガルマダン」は、「チャガルマダン記憶変身プロジェクト」を通して、作家たちの作品と女性たちの声を集めた展示会を開催した。その後、記憶空間を造成する中でチャガルマダンをどのような方法で記録し、記憶しなければならないかについての意見を、息長く集め続けている。

このような活動は、性売買集結地をそこに生きている女性だけの問題としてではなく、また活動家だけが悩む場として残すのではなく、より多くの人にその「空間」について考えさせたことに意味がある。何よりもアーティストたちが一緒に参加することによって、多くの人びとの心を動かすことができた。二〇〇五年に百人あまりのアーティストが参加して一緒に企画していた「オンニ、遊ぼう」が頓挫して以来、サルリムは南浦洞地区内で性売買防止法一周年記念文化祭を開き、その後もドキュメンタリーを製作するなど、アーティストたちと大なり小なり交流を続けてきた。こうしたつながりが結びついて、十年経った二〇一五年には、釜山地域のアーティストやさまざまなネットワークと共に、玩月洞を記憶し記録する「玩生《ワンセン》」プロジェクトを開催した。「玩生」とは「玩月洞をもう一度考える[27]」という意味であり、玩月洞をもう一度生かすという意味が込められてもいる。また、玩月洞もいつかは「未生」から「玩生」へとつながることを祈るという気持ちも込められている。

この作業は、玩月洞を芸術と女性の人権という観点から光を当てた点で意味があった。玩月洞に関して悩んだことや玩月洞に関する話を世の中の多くの人たちに伝えてきた「玩月洞だより」、人びとと玩月洞という空間を歩きながら話し合った内容を盛り込んだ「週刊　ふと…」、オンニたちが育てている家族の一員でもあるペットの話に共感して、動物との触れあいについて書き留めた「寄り添い、そして寄り添う」、オンニたちのそばでオンニたちの姿を書き記した「そば（側）」写真展、玩月洞についてのいくつかのイシューと悩みを書き綴っ

27　韓国語の「考える（생각하다）」の「생（セン）」は漢字で「生」と書く。

た「ワンギョレ」[28]等々、多種多様な作品が展示され、展示を見に来た人たちはあらためて玩月洞に出会うことになった。「玩生」プロジェクトは、一度の展示とオープンマイクのイベントで終わりはしたけれど、アーティスト、作家、釜山のさまざまなネットワークとの出会いは、少しずつ続けられている。いろんな人たちの気持ちが集まり、玩月洞を女性の人権を考える核にして芸術と文化の観点から復元し、記念することのできる場に作りあげられたらと、願うばかりだ。

そう考えると、玩月洞にはまだまだ世間に知られていない物語がたくさんある。人びとは玩月洞について女性の人権問題として考えようと時々そこを訪れ、活動家たちと一緒に「玩月洞巡り」をしている。玩月洞で性売買女性として生きていたオンニが、最近、地域活動家と共に玩月洞巡りをおこなった。彼女は私に、玩月洞は「振り返るのはつらいけれど、私が一生懸命生きてきた証拠となる場所だ。ここがなくなったら私が生きてきた証《あかし》がなくなり、私が記憶することのできる空間がなくなる。そうなったら、虚しくてたえられなくなりそう

28　「완겨레」。「玩月洞の仲間たち」という意味。

だ」と語り、そうして「暗い歴史は暗い歴史なりに、楽しい歴史は楽しい歴史なりに記憶する空間にしたい」とつけ加えた。そこはやはり女性たちの生がそのまま埋められている場であり、人権蹂躙の歴史がある場である。こうしたつらい歴史は、消し去ったり覆い隠したりせずに、きちんと保存しておきたいものだ。オンニたちの記憶があり生がある場、性売買でないにしても、そこから離れなくても、オンニたちがほかの生き方ができる空間に作りあげられたらと思う。このように変化させる責任を負っているのは、その場をそのまま放っておいた国家と自治体である。国家と自治体は過去の誤りの責任を取り、集結地問題に積極的に取り組まなくてはならない。

性売買防止法一周年記念文化祭で発言する著者
（2005 年撮影）

第三章

烙　印

偏見と正面から闘う

サルリム会員の日におこなわれた、ウォーキング（2012 年撮影）

烙印が看板を変える

オンニたちは病院に行っても、コーヒーショップでコーヒーを飲んでいても、食堂で食事をしていても、いつどこに行っても周りの人たちの視線を気にしていた。「誰かが私に気づいているみたいだ」「何度も私を見ているようだ」「ばれてしまいそう」と言い続けた。性売買女性だったという過去が原因で、オンニたちは現在の生が抑えつけられ制御され、そしてそれが心と体の隅々にまで沁み込み、無意識のうちに心身が痛めつけられている。

オンニたちはいつどこに行こうと、押された烙印による傷から逃れられず、その傷はオンニたちだけにしか分からない。体の傷は病院に行って治療を施し時が経てばよくなるが、オンニたちの烙印による心の傷は薬を塗っても再発を繰り返して彼女たちを苦しめる。どうかしてこの傷が膿んで裂けようものなら、また昔に戻って世間のすべてのものと断絶し、人生を締めくくることもある。性売買をしていた女という烙印は、死ぬまでその呪縛から抜け出せなくする生の陰であり、影でもあるのだ。

オンニたちは、「性売買」という単語が入っている私たちの団体名をよく思わなかった。特に性売買という用語が重荷で支援を受けたがらず、まったく連絡を絶ってしまう場合もあった。活動家のちょっとしたミスがとんでもない結果を招くこともあり、オンニたちと積み重ねてきた信頼関係が一瞬のうちに崩れることもあった。

オンニたちと一緒にサルリム以外の空間に移動する時、活動家の緊張感と不安感は極限に達した。特に病院や民間の教室で活動家がオンニたちに代わって費用を払うと、好奇心の強い職員から遠慮なく尋ねられた。「本人が払わないで代わりに決済するなんて、どういう団体？　どこから来たのか？」等々。職員の質問が長くなるほど、オンニたちは職員の視線を避けた。活動家はオンニたちが傷つかないように、最大限冷静に状況を説明した。そうしているあいだオンニたちは身を縮め、いつの間にか姿を消してしまうこともある。そんな時活動家は、彼女たちの生活相談員・おば・妹・姉になったりもする。

こうして薄氷を踏みながらきちんきちんと信頼関係を築いていたところに自活支援セン

ターができて、オンニたちはそこで働き始めた。オンニたちが政府の支援を受けて肉体的、精神的に安定した空間で働き報酬を得ることは、本当に喜ばしい限りだった。しかしながら、平素真面目に出勤し誠実に仕事をしていたオンニたちも、時たま通勤の途中で出会う人びとの視線が気になって、「気がおかしくなりそう。大げさじゃなく、バスに乗ってもタクシーに乗っても、みんな私だけを見つめているようだし、自分たちだけで笑っているのに私のことを嘲笑っているみたいに感じる」と、不安な気持ちを訴えるのだった。団体名のためにホームページと自活支援センターのブログをリンクさせることができず、それが原因で彼女たちの作った物をホームページ上で販売することもできなかった。また講義やバザーなど、オンニたちが出かけていく行事もすべて同じだった。最初は活動目的を明らかにするために命名したのに、それがいつの間にかオンニたちの足かせになってしまっていたのだった。最大限注意してはいたが、オンニたちがインターンシップで出かけて行った施設やバザーなどで、正体が明らかになることもあった。それでも当該機関の配慮のおかげで、オンニたちが直接傷つくようなことはほとんど起こらなかった。

オンニたちは、自活支援センターで懸命に技術を磨くなどの努力をしたおかげで、企業と求職者を引き合わす職業紹介事業で選ばれて給料を受け取るようになった。それは政府機関から提供される職場だったので、オンニたちは四大保険[1]に加入しなければならなかった。深く考えることなく加入手続きを済ますと、しばらくしてから健康保険証が送られてきた。保険証には「性売買被害女性支援センター　サルリム」という名称が書かれていた。健康保険証を受け取ってそれを開いたオンニたちは、顔を赤くしたり青くしたりしながら気色ばみ、「これはなに！　私たちにこれを持ち歩けって言うの？」と、強く抗議し不満を吐き出した。保険証をいじるだけで、何も言わずにぼんやりと窓の外を眺めるオンニもいた。オンニたちから気分が悪いし不安だと言われ続けていたのに、気に留めることなく放っておいたのが、その後、現実となって凄まじい勢いで迫ってきていたわけだ。

　何日か過ぎたころ、「昨日病院に行ったんだけど、看護師がこれ（健康保険証）を見たり私を見たりするので、何もしないで帰ってきた。治療代は私が出すからこれは持っていかないことにする。かといって家に置いておけば置いておいたで、誰かに見られるんじゃな

1　国民年金・健康保険・雇用保険・労災保険。

いかと思うと恐ろしい。だからここに置いてく」と言って、健康保険証を置いていってしまった。

店を出てから相当の時間が経っているというのに、性売買に携わっていたという事実は深刻なトラウマとなって残っていたのだ。結局、〔女性人権支援センター　サルリムに〕団体名を変えるしかなかった。一連の事態を経ながら私たちは、すでに店から出ているのであれ、まだ店にいるにせよ、オンニたちの生涯には烙印が刻みつけられ、それが心の深部にまで染みこんで残されていることを、再度痛切に感じたのだった。

団体名を変えたからといって、烙印の問題が完全に解決するとは思わない。でもオンニたちの不安を多少なりとも解消することができ、どこに行っても堂々と医療保険証を出せたらと願うばかりだ。

性売買店で「働いて」いたという理由で「強制的に」離婚され、娘とは生き別れ

法はすべての人に平等でなくてはいけないが、現実はそうでないことが多い。オンニたちは店から出ると、法的な問題、社会的な烙印、偏見、健康悪化、生存権の喪失、社会的関係ネットワークの断絶などによって、誰からも関心を持たれない孤独との闘いを始めなければならなくなる。

性売買被害において不当な事実がある場合には、性売買店関係者に対する告訴・告発の可否を決定する。そして法的な手続きが進められるあいだは、オンニと活動家は一緒に被害の実態について具体的な陳述書を作成する。オンニたちが性売買店関係者から脅迫され

るなど、緊急に対応しなければならないことが起これば、直接警察に赴いたり、認知事件として早急に捜査をするよう要請する。認知事件として捜査を要請すると、ほとんどの警察は、「被害事実はあるようだが、立件が難しい。告訴状を提出せよ」と、退けた。しかし告訴状を提出すると、提出期間と捜査期間が法的に定められているだけでなく、だいたい一人の捜査官が事件の当事者を呼んで取り調べるので、時間がかかる。それに捜査官が直接動き回って証拠を集めるというよりは、事件の当時者を呼んで調書を作成する方法を取っているわけだから、証拠を確保するのはもちろんのこと、被害もそう簡単には立証できないのが現実だ。

当時、地方警察庁ごとに置かれていた〔女性警官による〕女警機動隊（以下「女機隊」）は、機動力と現場での瞬発力があった。女機隊は事件関係者を現場で検挙し、証拠を直接確保する。そのために証拠の確保が困難な女性たちにとっては、絶対に必要な組織だった。そこで私たちは、告訴状ではなく陳述書を作成し、直接捜査を依頼する方法を取って、女機

2 捜査機関が犯罪を認知し、刑事立件すること。

隊の長所を最大限活用した。
今は性売買事件を直接捜査する女機隊は、地方警察庁に置かれていない。しかしこ〇〇四年に警察庁が犯罪捜査規則を改定し、性暴力・性売買事件被害者の要請があれば、女性警官が取り調べに立ち会えるようになった。この「女警取り調べ申請権」ができたので、今では性売買女性たちが、少しは有利に、そして楽な気持ちで取り調べを受けることができるようになった。以下に、女機隊と一緒にオンニを支援した事例を記す。

オンニは、釜山のBナイトクラブで働いていた。店舗の規模は途方もなく大きく、地域で知らない者はいないくらい有名な店だった。そこの店長を告訴するために警察署に行った。だが告訴状を見た警官は、「ナイトクラブは性売買店ではない。前払金をなかったものにしようとしてるんじゃないのか。何の根拠もないのに店を捜査することはできない」と、取りつく島もなかった。その後何か所か警察署を訪ねていったが、すべて断られてしまった。

ほとほと困った。ここでは店長を告訴するのは難しいと判断し、釜山近辺の地方警察庁女機隊を訪ねた。すると、思いがけず好意的な反応が返ってきた。警官は「事件性があるようだ。一度やってみよう」と言う。活動家とオンニはその日すぐに警官と一緒に、証拠集めのための作業を始めた。いったん陳述書を書きながら、オンニと二次（性売買）に行った買春者の人相と着衣、店の内部構造、二次に使ったモーテルの内部構造、モーテルに行くまでの道などを、詳しく図示してみた。そして夕方遅く、警官と一緒に聞き込み捜査をするために当該地域に行った。聞き込み捜査が始まった。活動家とオンニは車中に残り、警官はまず店の位置と営業形態を把握するために、客に偽装して店に入っていった。そして少ししてから、活動家もトライ（女性たちが店で「働く」ために関係者と面接すること）しようと店に入っていった。核心は「二次に行ったのか」どうかにあった。二次の料金についての話が出たので、証拠は確保された。警官は、「不足している部分があるから、もう少し捜査してみよう。明日から関係者を呼んで捜査するので、いったん戻ろう」と言った。

捜査は順調に進んでいるように見えたのに、ある日、警察から話したいことがあるという連絡があった。捜査室に入っていくと、担当刑事が深刻な口調で話し始めた。「上からの圧力が尋常じゃない。ひど過ぎる。私が今の地位から追われそうだ。内偵で終わらせることにする。本当に申し訳ない」と、悲痛な表情で率直に語るのだった。私たちはしばらく茫然自失していた。内偵で終わらせるにしても、警官があんなふうに有り体に打ち明けるなんて。私たちを何だと思って、あんな責任逃れの言い方をするのだろうか。

むしろ私たちに内情まで伝えずに、「内偵で終わらせる」とだけ言えばすむものを。「率直に」語る担当捜査官に「本当に大変ですね。正直に話してくれてありがとう」と挨拶して、出てきた。警察署に陳情書を出すか、事件をどのように進めるかについて、オンニと一緒に思い煩った。オンニから、「今まで大変な思いをしてきた。もう二度と同じ過程を踏みたくない。ほかの方法はないのか」と聞かれた。そこで警察庁に当該事件を告訴し陳情するのではなく、店に対する民事訴訟を起こすことにした。民事訴訟は、警察に行って取り調べられたり、自身の被害状況を一つ一つ陳述する必要がないし、被害者が被害状況を訴状形式で作成して裁判所に提出すればいいので、精神的負担は刑事事件より少なかった。

ルームサロンやナイトクラブのほとんどは、店長が直接オンニたちに前払金を渡すのではなく、消費者金融のような第二金融機関〔市中銀行を除いた金融機関〕や店長と顔見知りの貸金業者が、女性たちに直接貸し出す形式をとる。これらの金融機関は、実績のために店の女性たちの体を担保に資金を貸し出し、同じ店で「働く」女性たちやメンバー〔店でマダムと女性たちを管理する人〕とマダムが保証人となる。

私たちは、オンニが店に出ていた時期に一緒に「働いて」いた女性、同じ店で「働いて」いた女性のうち、相談所で相談したことのある事例、ほかの地域の相談所で相談した女性のうち同じ店で「働いて」いた事例、店長・マダム・メンバー・銭主などについての資料を集めた。弁護士事務所は類似店の関連判例、第二金融機関の関連判例、活動家たちの相談確認書を受け取るなど、証拠集めのために夜昼なく飛び回った。運よく同じ店で「働き」、同じメンバーから被害に遭った女性たちがいたので、無理なく証拠を確保することができた。証拠を確保した私たちは、債務不存在確認訴訟と損害賠償請求訴訟を進めた。民事訴訟は二年ものあいだ続いた。長い闘いの末、裁判所はオンニには債務がないと判断し、オンニに対して被害賠償せよとの判決を店長と銭主に言い渡した。

民事訴訟が進められている最中にオンニは高卒認定試験に合格し、就職するために懸命に職業訓練を受けた。そして何年かのちに結婚した。ところがまた別の問題が起こった。オンニは結婚し、婚姻届のために抹消されていた住民登録証を確保した。すると住民登録が確保されると同時に、何年間か機会をうかがっていた銭主たちが、前払金の返済を求める内容の内容証明郵便をオンニの家に送り始めたのだ。これに応じないでいると、「店で『働いて』いたことを婚家に知らせる。どこに住んでいるのか知っている。お前の旦那がどこで仕事をしているのかも分かっている」と、脅迫してきたのだった。オンニは脅迫に負けて、覚えのない債務まで元利を日割りで返済し始め、これ以上返せないという状況にまで陥った。オンニはそのころ妊娠しており、実家で子どもを産んだ。子どもを実家に連れて行ったあと、時たま届いていた彼女からの連絡が突然途絶えた。

だいぶ経ってから連絡があったが、それによると貸金業者たちが婚家に押しかけていき、オンニが遊興酒店で働いていたことを暴露したというのだ。その結果生まれたばかりの娘は婚家に奪われ、オンニは追い出されてしまったそうだ。彼女は釜山にいると娘に会いたくてつらいから、ほかの地域に行くと言った。オンニは結婚して幸せに暮らしていたのに、性売買店で「働いて」いたという理由で「強制的に」離婚され、娘とは生き別れになってしまったのだった。

素朴で日常的な疑問

　オンニたちは、移動手段にたびたびタクシーを使った。性売買の店の多くは食事と寝泊りの場が提供され、昼と夜が逆転した生活をしているので、外出する機会がほとんどない。外出するにしても、店で長いあいだ「働いて」いるとか、店から全面的に信頼されていなければ、常に監視する者があとからついてきた。また、バスや地下鉄の中で顔見知りの買春者に会うかもしれないという漠然とした恐れもあった。こういったことからオンニたちは、公共交通機関を利用しづらく、たとえ利用したとしてもそのあいだずっと気が休まらなかった。

　一日も欠かさず毎朝サルリムに出勤するオンニがいた。明け方まで買春者の相手をし、ぷよっと膨らんだ目とボサボサの髪のまま、活動家が出勤するころにだしぬけに現れるのだ。活動家たちが、「うわっ、なんでこんなに早く来たんですか。歩いてきたんですか」と言うと、「タクシーに乗って来たから、タクシー代ちょうだい!」と応じる。活動家が、「オンニ、歩けば十分だしバスもあるのに、どうしてタクシーに乗ってくるのですか」と尋ねると、オンニは、「バスはどこで乗るの? 料金はいくらなの? 一度も乗ったことがない」と、応える。「そしたら次から歩いてきてください。あそこからここまでそれほどかからないし、朝の運動にもなりますよ」と言うと、オンニは、「朝に運動しろって言うの。明け方まで『仕事』しているのに、疲れるよ。それに、どこをどう通ってくればいいのか分からない。人が歩いている道は嫌だ。私だけが見られている気がして」と、活動家の話に耳を貸そうともしなかった。とにかく嫌だというばかりだった。

オンニは、「歩いてくると、あのトンネで知り合った誰かに出会うかもしれないじゃない。私はタクシーが気が楽、基本料金だけで済むし」と、タクシー代をくれと言って引き下がらなかった。歩いてもそれほど遠くないし、バスだって停留所二つ分に過ぎないのに、どうしてわざわざタクシーに乗るんだろうと思ったけれど、人に会いたくなかったわけだ。オンニたちにタクシー代を出しても、それで解決するわけではないと思ったので、彼女たちが自分で公共交通機関を利用できる環境を作ることにした。オンニたちが教室と病院などに行く時は、活動家が同行することにしたのだ。そしてバス代の払い方や交通カードの使い方を言葉と行動で伝授した。オンニたちはカードで交通費を決済できるのを不思議そうに見つめていた。

そうしていても、活動家とオンニのあいだで、「何に乗っていくか」についてちょっとした言い争いが続いた。しかし時間が経つにしたがって、近い所は歩いたり、カードを買って公共交通を利用したりするオンニが増え始めた。こんな活動家たちを面白がって珍しいものでも見るようにしていたオンニたちも、時たまバスや地下鉄の中で「私の客だった人」を見つけると、顔をそらしたり次の停留所で降りてしまうことがあった。それでも「どうして私がバスに乗らないのか分かった？」と言いながら、何日かのちには「タクシーよりバスの方が安い、お金がもったいない」と言うのだった。このような過程を経て、タクシーを利用するオンニの数は少しずつ少なくなり、活動家と一緒でなくても一人でちゃんと乗れるようになっていった。たまに恐ろしさと不安に襲われてつらい思いをする時もあるようだが、うまく適応していった。

オンニたちは公共交通機関のみならず、日常生活のちょっとしたことでも助けを必要とした。店で「働いた」代価は、一か月単位で計算される。そして決められた割合で、店主、玄関イモ、店のサムチョンたちにオンニたちの売り上げから支払われ、前払金・遅刻費・欠勤費・ホールドレス代・チャポク費（休みたい時、店長に自費で罰金を払って休むこと。店によって違うが、一日休むと五〇万ウォンから百万ウォン払うことになっている）・クリーニング代・掃除代等を除いた残りが、オンニたちの月給とされた。しかしこんな計算方法では、オンニたちが直接受け取れる月給はないに等しかった。売り上げの計算方法もあまりに複雑で問いただすすべもなく、店長から渡された月給をそのまま受け入れていた。紹介業者がオンニに、「計算する時、店長の小指を注意して見ていろ」などと言うくらいだから、どんなにひどいか。こうしてオンニたちの借金はむしろ増え続け、毎月「前借」をしなければならなかったほどだ。

オンニたちの収入はこれ以外になく、店長が金銭を管理しながら、必要な時に「支出（お金を事前に引き出す）」するという方式で支給されていた。こういった事情を知らない者たちは、女性たちが一か月に「何百万ウォンも手にする」「たくさん儲けるそうだ」と言ったりするが、実際のところオンニたちの手にはまったく残らないのである。彼女たちにとって月給なるものは、虚空を漂う浮雲に過ぎなかった。お金は見えるけれど所有することはできず、そのためにその価値が分からなかったし、お金をどのように使い、管理しなければならないかの概念はないに等しかった。

そもそもオンニたちには、外に出なくても必要なものを手に入れる方法があった。体調が悪ければ注射イモ、お金が必要なら高利貸しや貸金業者、雑貨が必要なら訪問販売員、食べたいものがあれば近くの飲食店から出前を取るなど、必要な物はすべてトンネ内にあり、なければ呼べばよかった。

こんな状況では支出計画を立てたり、商品を比較して安く買うなんてことは、考えられない。オンニたちは物品購入の際、帳簿に記入するだけで、実質的な計算は店長がするので、消費・支出に対する感覚は鈍くならざるを得ないのである。

というわけで、店での生活しか知らないオンニたちの生活様式を変えるために、大型スーパーや市場などを一緒に回りながら、買い物体験をした。「うわあ、安い。こんなものもあったなんて。種類も多い。こんなの初めて見る」「あのトンネでは十万ウォン以上するのに、ここでは一万ウォンにもならない」などと言いながら、不思議そうに同じような物を比較してみたりした。

だが計算せずにあれこれ買うものだから、「限度を超えてしまいましたね。こんな風にして買っちゃだめですよ。持ち金がいくらあるか確認してから買わなくちゃ」と、活動家から小言を言われたりした。また金額のことを考えずに、買いたいものをたくさん選んで、自分のお金で計算すると言い張るオンニもいた。活動家たちは粘り強くオンニたちをたしなめたが、結局諦めてしまった。

しかしながらオンニたちのほとんどが、「うわあ、今日は安く買えた。あのトンネで買ったら少なくとも何十万ウォンはするはずだ」と、満足げな表情をし、買い物しながら、化粧品、下着、生活必需品、小間物などを、つましく買う方法を少しずつ取得していった。

サルリムの大長今《テジャングム》[3]

二〇〇四年の秋ごろのことだった。相談所のドアがばっと開けられ、目を赤くし顔が腫れぼったいショートカットの、四十代半ばとおぼしき女性が入ってきた。私たちはドアの方に目を向けた。彼女は、「あのトンネで『働く』者だ。悔しいことがあって訪ねてきた。ここの責任者は誰なの。悔しくてたまらない」と言う。そして椅子にどっかりと座るではないか。私たちはびっくりしてお互いにぽかんとして見つめ合っていた。「私の問題ではなく、店で一緒に『働く』アガシの問題なの。その子が昨日の朝、店で倒れたわけ。体が麻痺しているみたい。今入院してるんだけど、店長がお金を出そうともしないで、縁起で

3　「偉大なチャングム」という意味。一四一頁参照。

もないから出て行けと言ったの。自分の店で『仕事』していて倒れたのに、犬でも追い払うように出て行けって言うんだからね。昨日まで『働いた』分だけ計算して渡してくれたんだって。損害賠償を請求して、店長を告訴したい」と、興奮しながらも断固とした口調で言う。

その人と特別に親しかった倒れたオンニは、脳卒中で韓方病院[4]に入院し、体を動かせないという。倒れたオンニは見舞いに行った自分に、「店長を告訴したくない、何年も同じ店で同じ釜の飯を食べて過ごしたので、告訴するのは気が進まない」と語ったとのこと。店長を訴えずに「治療代と損害賠償金」だけは欲しいのだが、「店長に話すと悪く大声で罵られるのでおどおどしてしまって話せない」から、仲裁してほしいというのだった。

私が介入すると、店長はすっかり色を失い、オンニが要求するままにするから、警察に通報しないでほしいと言う。そして二人だけになった時、私に封筒を渡してきた。私は、「ここにいくら入っているのか知らないけど、倒れたオンニにあげてください。こんなことし

4　中医薬学に基づいて、朝鮮半島独自の漢方薬・医術・治療法を施す病院。

てはいけません」と、きっぱりと断った。オンニはサルリムの仲介で治療代と充分とは言えない損害賠償を受け取って店を出、回復しない体を引きずって故郷に帰っていった。

店長が同僚を不当に扱うのに我慢できず、勇気を出して行動したオンニは、その日以降、まるで出勤するかのように毎日相談所に来るようになった。高校を卒業し結婚と離婚を経験して、成人を迎えた娘もいるというオンニは、それまでの人生を文字にすると何冊もの本になると語った。話し上手で感受性が鋭く人情の厚い人だった。人情家だからか、相談所に来るたびに果物、パン、飲み物、手作りのチャプチェなどをいっぱい持ってきて、「先生がた、お疲れさまです。召し上がってください」と勧めた。でも私がその場にいない時には、誰にも手を付けさせなかった。

勤勉で好奇心が強く料理も得意なオンニは、韓国料理・中華料理・日本料理の調理師免許を取りたいと、意欲満々だった。彼女は、「料理が好きで面白い。一つ一つ資格を取れたらうれしい。料理本も出したい。心を込めて料理を作って、晩餐会のようなもてなしをしたい。一度も食べたことのないものを作って特許を取り、自分だけのレシピを持つのが夢だ」と話した。未来への希望とわくわくする思いに満ちていた。子どものころは良妻賢母が夢だったけれど、店で男たちにさんざん嫌な思いをさせられてきたので、賢母にはなれるかもしれないが良妻は無理だ、とも言っていた。

オンニはわずかな日数で調理師免許を取得した。ところが、常に堂々としていて自信に満ちていたオンニも、料理学校に通うたびに緊張し不安がった。理論と実習は面白いのだが、学校で玩月洞の人に出くわし、サルリムから学費が出ていることが「ばれる」のじゃないかと心配したのだ。また学校の関係者が、自分が玩月洞で「働いて」いたことを知ったらどうしようかと、不安がったりもした。学校があった日は、「講師が私を変に思っているみたいだ。言葉遣いもぞんざいだし、私がどこで支援されてるのか話した？ 私があのトンネで『仕事』していたのを知っているようだ。仲間内だけでひそひそと話していて、私のことを噂しているみたい」と言う。そうして不安に思いながらも、オンニはひるむことなく調理師への夢を膨らませていった。料理学校で作った食事を持ち帰って、私たちに試食させながら味がどうか質問し続けた。もちろん私たちは無条件においしいと応えた。資格を取る準備をしている最中に、オンニは活動家たちの健康を管理する専門調理師になった。きちんと料理学校で学んだオンニは、オンニブランドのお手製ソースと日本料理のトンカツをはじめとする多様な料理を初公開した。おかげで私たちは、食事時間が来るたびに新しい料理にありつくことができて、歓声を上げた。自分の夢に向かって一途に進むオンニは、まさに「サルリムの大長今」だった。

料理に関する素質とセンスがあったオンニは、うまく私たちの好みをつかんだ。時たま塩辛すぎたり薄すぎたり味付けが中途半端だったりすることがあったが、活動家たちは、「オンニ、すごくおいしい。オンニ、最高。サルリムの大長今ですね」と褒めまくり、器をきれいに空にした。オンニは得意になって食事を作り、私たちはオンニが喜んで作るものだから、ますますおいしく食べることができた。

そうして何か月か勢いよく食事を作っていたオンニは、店を出すという爆弾宣言をした。私たちはおいしい物を食べられなくなると、残念がった。オンニは起業のために東奔西走した。社会連帯銀行から[5]一人当たり三千万ウォン以内で起業資金を受けられるという道があった。行かない地域はないほど一人で市内全域を熱心に飛び回ったのに、成功する可

5　社会的弱者に少額の資金と無担保・無保証で融資することにより、経済活動を支援することを目的とする事業支援。資金は民間（個人も含む）の寄付金で賄う。

能性がないという理由で、いつも社会連帯銀行の担当者から突っぱねられていた。傷ついたオンニは、「もうやらない。こんなんでどうやって始められるの。食堂を開いて閉めるまで何日も何日も客の数を数え、料理の値段に合わせて売り上げの予算を立てなければならないなんて、やってられない。起業がこんなに大変だなんて。私があのトンネの住民だから、余計に信じてくれないみたい」と、投げ出すようなことを言った。

立地の選定に失敗し続けていたある日のこと、オンニは、「もうがっかりしない。いつかはうまくいくよ。たくさん勉強したし、これも勉強のうちよ」と、余裕を見せた。こうして忍耐と余裕が積み重なりその成果が上がるころ、釜山の中心街で店舗を見つけて韓定食の店を開いた。地下一階ではあったが、以前繁盛していた店を引き継いだからか、開業して一年余りは昼食時間と夕食時間に行列ができるほど繁盛し、大成功と言えた。しかし店の以前の持ち主がオンニの店の横に同じような商号で店を開き、今までなかった食堂まで周辺にでき始めた。その上一緒に店を運営していたオンニと行き違いが生じて、二年目に店を閉じることになってしまった。

店を辞めたあとしばらく行方知れずだったオンニが、突然姿を見せた。オンニは、「免許を持っているんだからどこにだって行ける」と、開業する際につながりが出来た人脈を使って、新しく開業した食堂で一、二か月厨房の仕事をしたあと、また新しく始めた別の食堂に移るということを繰り返した。食堂の給料は思ったより高かった。オンニは食堂で働いて得たお金と知り合いから借りたお金を合わせて、焼肉店を開いた。食堂の入り口はオンニたちが作ったトピアリーで飾り、開店を知らせるチラシはサルリムの活動家たちが何日間か周辺を回って配布した。食堂の規模は結構大きく味もよかった。しかし日が経つにつれてうまくいかなくなり、借金も増えたので店を閉じることになった。

それ以降、十年を超えるオンニとサルリムとの縁は途絶えてしまった。オンニについて「玩月洞でハウス（賭博場）を開いている。玄関イモをしている」といった噂が飛び交った。オンニがどこで何をしていようと、元気に幸せでいてほしいと思う。そして以前のように、「所長さん、これが一番おいしいよ。ほかの先生たちはあとで食べて」と言っていた、自信と活気に満ちた声で私たちを訪ねてくると信じている。

「所長さん、抱主みたいですね」

二〇〇五年九月から買春者再犯防止教育、別名ジョン・スクール（John school）が始まった。買春初犯の男性に、起訴猶予処分の代わりに保護観察所で教育を受けさせる制度で、一種の受講命令処分である。アメリカで買春嫌疑によって警察に検挙された男性のうち、多くが捜査の過程で自分の名前をジョンと名乗って陳述したことと、アメリカで一般的な男性を指す普通名詞がジョンなので、制度の名称をこのようにしたとの二つの説がある。いずれにせよアメリカ式名称を模倣したジョン・スクールが韓国でも実施されている。

ジョン・スクールプログラムが始まったころ、私は保護観察所で「韓国社会の性売買の実態」をテーマに、四、五回講義をした。プログラムに参加した買春者の年齢層は、二〇代から八〇代まで多様だった。

講義を始める前、私は教育対象者が買春行為を犯罪だと考え、自分の過ちを悔いて反省していると思っていた。ところがドアを開けて入った講義室の雰囲気は、予想とはまったく違っていた。彼らの表情には反感と不満、無神経、無反省、悔しさが混じっていたのだ。彼らの大半は前日に飲み過ぎたらしく酒の臭いをぷんぷんさせており、顔を下に向けたままスマホをいじったり、帽子を深くかぶってわざと顔を見せないようにしたり、関心なさそうに視線を泳がせたりしていた。

「教育を受けに来た感想は？」と聞くと、彼らは異口同音に「本当にむかつく。みんなやってるのに、なんで俺だけ引っかかって犯罪者になるんだ、悔しい」「ずいぶん前にたった一度やっただけで引っかかった。ちゃんと覚えてもいないのに」「現金を使わないでカードを使ったから引っかかったようだ」などなど、最初の無気力で意欲がなさそうだった表情から一変して、悔しさと不満、怒りを余すところなくぶちまけ始めたのだ。自分たちだけで共感し訴える場になってしまい、罪の意識などまったく感じていないようだった。むしろ彼らは互いに同情し賛同しながら、自分たちの罪の意識を減らし合っていた。

続いて「ここに教育を受けに来たことを家族に話しましたか」と質問すると、彼らは一様に、「当然知らせてないですよ。俺が来たのを家族が知ったらまずいでしょ」と答えた。それで「買春行為が正当だと思うのなら、ここに来ることを話さなくちゃいけないのではないですか」と畳みかけると、彼らは「みっともない。恥ずかしい。離婚を覚悟しなくちゃいけないいし、家庭が崩壊する。そんなことするほど俺は馬鹿じゃない」と言う。質問を続けた。「家族や知り合いに性売買女性がいたら、どうしますか」。すると彼らは「俺の周辺には絶対いない」と、断固として言い切った。私が、「周辺の女性じゃなかったら、性売買女性たちはいったいどこから来たのでしょうね」と、再度尋ねると、「そんなこと俺の知ったことじゃない。俺の周りには絶対そんな女はいないし、いたらだめだ」と線引きするのだった。

本当に現実とは皮肉なものだ。買春者たちの需要に応じて売買される性売買女性たちが、性を買う当事者たちによって「異邦人」として扱われる。性売買女性たちは、実体はあるのに買春者たちの意識の中には存在しない、存在してはいけない無の存在だった。

買春者の怒りと不満がぎっしり詰まった所、性売買女性の存在を否定し侮辱し拒否するその場に、性売買経験当事者が講義に出かけた。私に人権に対しての感受性が不足していたことと、成果を上げるためにやり遂げたいという過度な欲望が底辺にあって、彼女を無理に送り出したと言える。

　講義を終えて戻った彼女は、暗い顔をしていてつらそうに見えた。そこで私は、「大丈夫。直面しながら少しずつ自分の問題を解決することができる。よくやった。頑張れ」と言って、慰めた。そうこうしていたある日のこと、げっそりとやつれて魂が抜けたような顔で彼女がやってきた。講義をしている時、ある男が自分は店長だと言って、「お前だって酒場で『働いて』いたじゃないか。金をもらってやっていたんだろう。なんで俺たちだけが悪いんだ。お前も仕事だったんじゃないか。どうして男だけが捕まるんだ。俺たちを教育するだって！お前ごときが言うことか」と、頭ごなしに怒鳴りつけたらしい。するとほかの者たちがざわめき始め、口にすることのできないくらいひどい悪口を言ったと、わっと泣き出した。そうして「腹が立って仕方がない。恐ろしくてやってられない。悔しさと恥ずかしさで吐き気がする」と、続けた。

　私は気が遠くなるほどショックを受けた。講義に行くたびに〔彼女は〕自分のつらさを訴えていたのに、どうしてこんなとんでもない話が出てくるまで、私は気が付かなかったのだろうか。彼らの前に立つまで何日も何日も眠れなくて、不安と恐怖に苛まれ、屈辱感を我慢するために自分に暗示をかけていた彼女に、本当に申し訳なくすまない気持ちでいっぱいになった。

振り返ってみると、「私たちの所にも性売買経験当事者活動家がいて、ジョン・スクール講義も受け持っている」と、「うまく進んでいるのを誇示するために、彼女を利用したのではないか」という罪悪感に苛まれた。私は彼女を二次被害、三次被害へと続けて傷つけていたのだ。その後彼女と一緒に『トラウマ』という本を読みながら、それまで胸の内に秘めていた、また秘めておくしかなかった話を、彼女に吐き出してもらった。彼女は時たまその時のことを回想して、私に「所長さんは抱主みたいだった。抱主も所長も同じです」と言っていた。

性売買経験当事者組織ナリナッティを立ち上げる

「あんたは何者なの」と声をかけてきた無頓着で気難しいオンニがいた。彼女は「サルリム」のホームページの掲示板に「性売買なんてやりたくないのに、店に前払金があるのでどうしていいのか分からない。性売買ではないほかの仕事をして前払金を返したい」と、投稿してきた。オンニは掲示板に文章を残した当時、生活に疲れて自殺する場所を決めていたほどつらい思いをしていた。だが、死ぬ勇気がなくて迷っていたところだった。半分魂が抜けたような生活をしていたオンニは、「マエキン（貸し出しとも言う。仮払金を意味する日本語の前借金からきた言葉）」といった性売買店の専門用語を使ったサルリムからの返信を見て、店長と結託した団体だと思い、息が詰まるほど驚いた。それで店長に捕まる覚悟をして、それでもあるいはと思って約束の場所に行ってみた。そして店長と紹介業者が現れないのを確認したあと、私たちの前に姿を見せたのだった。

彼女が初めて訪問した「サルリム」には看板もなかった。ドアのガラスは割れていて、そのガラスには青テープがぶら下がり、ギィーッと音を立てるドアを開けて中に入ると、黄色く色あせたパソコンがあった。それで彼女は、一瞬、紹介所（女性たちを店に売り飛ばすブローカーの役割をする所）に来たのかと思って、気絶しそうになったと言った。事務所のこんな雰囲気は、オンニの「疑い」をますます大きくした。私は、オンニがなぜ気難しそうな目と冷ややかで関心なさそうな表情をしているのか、どうしてぶっきらぼうに話すのかが理解できず、「もう少しちゃんと話したら」「笑いなさいよ」などと、小言を言い続けた。このような小言を聞いても変わらない彼女が持つ何かに、私は圧倒された。

彼女は店を出て一年後に、サルリムの活動家として働くようになった。私は、彼女が性売買経験者だからと言って、生活するうえで特に問題にならないだろうし、その経験は時が経てば自然と人生の中に溶け込んで消えていくだろうと考えていた。しかしその予想は外れてしまった。彼女は突然泣き出したり、一日中何も言わずに椅子に座ったまま動こうとしない時があった。それだけでなく、出し抜けに癇癪を起こして同僚に傷つくような言葉を吐いたりした。何日経ってもこのような症状は収まらず、またこのような状態は、折に触れて突然現れるのだった。彼女は活動家たちが自分の感情を当然理解してくれると思っていたようだった。だが活動家はオンニを理解できず、オンニは自分を理解しない活動家を理解できなかった。オンニは自分が活動家だということと、性売買経験当事者であることとのあいだで混乱する時があった。

こうした歳月を乗り越え、彼女はサルリムの性売買経験当事者活動家第一号となった。既存の活動家たちと長いあいだ情を通わせて、オンニ、トンセン[6]と言って過ごしたが、彼女は陸からも本島からも離れた孤島のような存在だった。ある時は活動家として、ある時は性売買女性として扱われた。現実に自分と似たような境遇で似たような経験をした同志がいないことに、つらい思いをしていた。

彼女は二九年間に二九〇年分の経験をしたと、過ぎた日のとてつもない重さを口にしながら、あんたたちは私のように特異な経験がないだろうと、堂々と語った。そして何年か

6　「妹・弟」という意味。ここでは「妹」を指す。

思い煩いさまよった末に同志たちに出会った。サルリム当事者活動家、自活支援センターの職業訓練生、学生、検定試験準備生、ペットショップ店員、障がい者活動補助員など、多様な領域で活動する性売買経験女性たちだった。彼女たちのうち当事者活動家として働いていたオンニたちは、相談に来る女性たちに自分が性売買店にいたという事実を絶対話さないと語った。店にいたと言うと、相談に来た者が自分を見下すと思ったからだ。それでも女性たちと会っているうちに、自分が性売買当事者だったことをみずから話すようになっていた。相談者はそのことを知るとすぐに、閉じていた心の扉を開けていた。

オンニのうちの一人が次のように話した。「所長からサバイバーの証言を一度やってみないかと勧められたので、私は何も考えずにやった。あの時、人前に出て夢中になって自分の話をしたけど、終わったあとだいぶ経ってから突然涙が溢れ出て、サバイバーの証言をしろと言った所長が憎らしくなった。何も知らず何の考えもなかった私を人前に立たせるなんてと思うと、悲しくて所長が恨めしくておんおん泣いた記憶がある。でも面白いことにあの時から変わったみたいだ。自分の意見、自分の考えを話しながら自信がついたみたい。たぶんあの時人前で話しながら、その話が傷だったのだと気がついたのが力になっ

釜山地域性売買実態調査のための、ボランティア活動家教育
（2012 年撮影）

たようだ」。オンニは自分の経験をほかの人に公然と話せる勇気が大切なのだと言った。そして、「私が生きていくこと自体が運動なの」と、彼女たちだけで一丸となって性売買経験当事者たちの自助グループ、「ナリナッティ」を立ち上げた。

ナリナッティは「天が与えてくれた友」という意味で、彼女たちだけが感じている心細さを一挙に解消してしまいたいという、オンニたちの切実な思いが込められた名前だった。彼女たちはナリナッティを次のように定義づけた。

「私たちは、私たち仲間のあいだでも互

いに分かり合えず、つらい思いをしながらさまよっています。時にはけなし合い、非難し、自分を失って迷ったりします。私に何ができるのか、これから何をすればいいのか、未だ分かりませんが、互いが互いを理解し庇い合い、包み込むことができるように、一つの固いつながりを作ろうと思います。ナリナッティはそのつながりの始まりとなる、とても小さな結び目になるつもりです。ナリナッティでは性売買の経験をした女性が、被害者ではなく主体となって互いに力を合わせ、共に悩みを分かち合いながら成長できる足がかりにしようと思います。私たちが主体となって、性売買根絶のために毅然として先頭に立とうと思います」。

彼女たちは一緒に集まってハイキングに行ったり、激しい喧嘩をしたりしながら、友情を積み重ねていった。また『書きなぐる女たちは言う、言い放つ』を執筆し、性売買経験当事者おしゃべり大会「うるさい！　話を聞け」を開催した。そして全国的な性売買経験当事者組織「ムンチ」[7]と連帯して、反性売買運動を広げていった。

ナリナッティは少数ではあるが、力強い集まりだった。それぞれが生きてきた人生は異なり、生きていかねばならない道も異なるだろう。それでも今ここで人生の経験を語り、自分とよく似た道を歩んできた人たちと一緒に活動するために、今日もその道を黙々と歩んでいる。そんな彼女たちの勇気を心から愛し尊敬する。

7　「뭉치」。「一つになる」いう韓国語の「뭉치다（ムンチダ）」が由来で「団結」という意味。正式名称は性売買経験当事者ネットワーク・ムンチ（二〇〇六年結成）。

ナリナッティと抱主が一緒に行った旅

サルリムの活動家とナリナッティの会員たちが、一泊二日の旅に出た。オンニたちのうちサルリムと一番長い付き合いがあるナリナッティのリーダーと、彼女から抱主と呼ばれる私は、白けるようなおやじギャグが大好きだった。日常行われていた語呂合わせ遊びが旅行中も続けられた。私は運転席に彼女は助手席に座って、正確とは言えない互いの発音をからかい、揚げ足を取ってつっこみ、面と向かって笑いものにしながら、際限なく「愚問愚答」をやり取りした。文字通り『Dumb and Dumber』[8]の再現だった。彼女と私はつまらない冗談を交わしながら大騒ぎした。後部座席に座ったオンニと活動家から「うるさく

8　アメリカで1994年に公開されたジム・キャリー主演のコメディ映画。日本では『ジム・キャリーはMr.ダマー』というタイトルで、1995年に公開。

てかなわない。いい加減にして」と叱りつけられたが、そんなことはものともせずに、ますます面白がってつまらない冗談を交わし続けるのだった。私たちは、道の看板を見てもうすら寒いダジャレにして会話に交え、互いにいじり合いツッコミを続ける「お笑いコンビ」だった。

こんな調子が続くと、連れの者たちは二人には関心を持たずに、無視して自分たちだけでおしゃべり三昧にふけっていた。そして時たま私たち二人が大声で笑ったり、互いに深刻に言い合うような状況になると、関心を向けてくれた。本当になくてはならない大事な仲間だった。

サルリムのセミナー、運営委員会短期合宿、活動家団結大会、オンニたちとの野外活動などに絶対欠かせないものがあった。それは酒だ。サルリムでの生活の必需品であり、愛用品だ。酒《スル》[9]は「スルスル」と喉元を過ぎるのでスルと言うのだが、私たちにとって酒は、心の扉を開かせ、胸の奥深くしまっていた言葉をスルスル吐き出させ、共感能力をスルス

9　「酒」は韓国語で「술（スル）」と言う。

ルよみがえらせ、互いにスルスル近づかせるものだった。そんなわけで私たちは、酒が大好きだった。私たちは勤務時間にはわき目も振らず仕事に情熱を傾け、仕事が終わったあとは酒と共に情熱を燃やした。

　このように酒を愛する活動家たちにとって、オンニたちとの旅行だからと言って例外にするわけにはいかなかった。参加者の酒量に応じて、担当者は上手に酒を揃えておかねばならない。ところがその日の荷物の様子がどうにもおかしかった。車に積んでいる荷物を見ると、酒がないではないか。「私たち精神修養にでも行くの？　なんで酒がないの？」と、内心の動揺を隠して尋ねた。するとオンニは、「途中、スーパー[10]で買いましょう」と言いながら、睨みつけるのだった。私は急に不安になった。「マートで買えば安いのに、どうしてスーパーで買うんだろう。少しだけ買えばいいと思っているんじゃないのか」等々、あれこれ考えてまとまりがつかなくなってしまった。案の定、心配したことが現実となった。渓谷の近くのスーパーで、ペットボトル入りビール三本と焼酎三本を買った。私が「こ

10　大型スーパーマーケットのこと。韓国で「スーパー」と言うと、ほとんどが個人経営の店で日本のスーパーより規模が小さい。

れじゃ足りないと思うけど」と言うと、彼女は「私は飲まないです。ここに飲む人はいませんよ。これで充分です。一人で全部飲んでください」と、呆れたように答えた。私は「ふん、いまに見てなさい。これは絶対私だけのものだから」と、心の中で誓った。

私たちは予定時間より早く到着した。セミナーを終えたあと夕食を食べた。それから充実した雰囲気の中で打ち上げが始まった。ところが酒を飲まないと大見えを切っていた彼女が、初めから勢いよくあおり始めたのだ。一時間を過ぎる頃には酒が底を突いてしまったが、まだ夕方だったので早めに寝てしまうのもつまらなかった。私たちは酒を求めて三万里を地で行き始めた。そこは田舎だからか、宿の近くだけでなく少し離れた所でも、目につく商店と食堂はすべて閉まっていた。明かりが点いている所は、近所の宿だけだった。その宿に行けばあるいは酒があるかもしれないと思い、とにもかくにも外に出た。明かりが点いている所へは全部訪ねていった。「おじさん、お酒ありますか」「お父さん、お酒ないですか。お母さん、お酒があったら少し分けてください。ほかの店は全部閉まっているんです」と言いながら、物乞い同然で歩き回ったのである。宿の主人たちは、客が残していった酒でよければと、代金を取らずに渡してくれた。夜道を二時間余りうろうろした挙句に、やっと焼酎四瓶を手に入れることができた。

　宿に戻る道は遠かったが、心は満たされていた。空にはたくさんの星が見事な花を咲かせ、それぞれがそれぞれの香りを自慢し、月は私たちと一緒に歩いていた。本当にわが道を行く「アル中集団」だった。ところが、酒を手に入れるのに気力を使い果たした私たちは、宿に着いた途端その場に崩れ落ちて、あっという間に夢の世界へと入り込んでしまったのだった。積もり積もっていた話は後回しだ！

　こんなことがあったあと、私たちは酒が足りない時は、時たま宿の近くの店に行って盗みを働いた。夜遅い時間に店は閉まっていても、冷蔵庫は開けている所が結構あったのである。私たちは冷蔵庫から必要なだけ酒をそのまま持ち帰り、翌朝料金を支払った。すると店の主人は、私たちのような者がいるので冷蔵庫に鍵をかけないでおくのだと言った。店長のこんな細やかな配慮のおかげで心は満たされたが、おかげで体のあちこちに支障を来していった。

　オンニたちと一緒にいた時間は、活動家と性売買女性ではなく、同時代を生きる女性なのだと感じ、互いの姉妹愛を確認する時間だった。

オンニたちの生を大衆と共に

あるオンニはまだ十代のころに性売買の「仕事」を始めたので、借金がたくさんあった。酒三種（ショーがメインの店で、ろうそくショー[11]、卵《ケラン》ショー[12]、渓谷酒《ケゴッチュ》ショー[13]などで構成され、酒で売り上げを上げることを主とし、性売買は付随的に行われる）でホステスをして店長に殴られながら借金を返していった。彼女は歯を食いしばってしゃにむにクソ客[14]（部屋で酒を飲んだり、女性を二次に連れ出して煩わす買春者を言う。行為のあと射精しなかったからと料金を支払わなかった

11　全身にビールをかけたあと部屋の明かりを消し、体にろうそくを垂らすショー。
12　膣に卵を入れて取り出してみせるショー。
13　裸体の女性の胸のあいだに酒を流し、下にコップを置いて飲むショー。または足をすぼめて跪いた女性の性器近くにできた空間に酒を注いで、直接口を当てて飲むショー。
14　シンパク・ジニョン著、前掲書、二一五ページ参照。

り、女性をさんざん弄んだ末に、二次に行く時は相手の女性を変えるよう要求したりする客のこと。店では変態とクソ客とは区別していない）を引き受けて「働き」、借金も全部返したあと、借金のない状態で「仕事」を始めてからいくらも経っていなかった。これからはお金を稼ごうと思っていたのに、性売買防止法ができてから買春者が店に来なくなり、そうできなくなった。「合法化してもらって楽な気持ちでお金を儲けたい。ほかの仕事とどこが違うの。なんで私たちだけに罪を被せるの」と、悔しがった。

また別のオンニは、何年か性売買に携わりながら借金を返したのだが、だからと言って資金が充分あるわけではなかった。彼女には自慢できるような学歴も職歴もなかったので、店を出て新しい仕事を探すのは困難だった。自分が店で「働く」のは自分の「選択」だとも言った。数十年ものあいだ性売買の現場にいたオンニは、そこで青春を過ごしながら歳月の隙間の中でたくさんの機会を失ってしまった。そうして心身の健康が徐々に損なわれていった。性売買は、人生の多くの機会を逃したオンニが、ほかに方法がなくしがみついていた「選択」であり、「代案」でもあったのだ。

しょっちゅう「性労働者」という単語を使っていたオンニは、店でお金を稼いですぐにでも社会に出て、やりたいことをやろうとした。そのためにできるだけ借金もせずに、一生懸命教室に通いながら、店の「仕事」をした。店長から強要されることはなく、収入も五対五で分けていると話していた。会うたびに自信に満ちた様子を見せ元気いっぱいだったオンニが、ある日、酒を飲んで言った。「自分の体が汚くていやだ。客を取るなんてことは誰もができるわけではない。すごくつらいことだ」と。それなのに酒が覚めるとまた自分に戻り、性売買女性としてのアイデンティティについて話すのだった。このオンニに自分の体を憎ませている正体はいったい何なのだろうか。

多くのオンニたちは、店で数十年「働いて」も借金があり、家族とはずいぶん前に連絡を絶ったままだ。そのうえ知り合いと言えば、すべて店の関係者ばかりだ。オンニたちは店では本名を使わず偽名で生活し、外出した際には他人の視線や言葉にすぐに傷つく。「性労働者」という単語にも拒否反応を示し、ほとんどのオンニが借金を返して平凡に暮らしたいと思っている。

私たちは多様な人生経験を持つオンニたちと出会い、オンニたちを通して利益を得ている店の関係者たちの威嚇と脅迫にさらされていた。時にはがむしゃらに動き、そして時にはオンニたちの豊かな感受性に涙を流したりもした。

世間は、性売買女性を特殊な存在であって、自分たちとは違う人間だと考えている。それゆえ「無の存在」「見えない存在」として消してしまう。けれども彼女たちは、周りでよく見かける普通の人なのだということ、特別な存在ではないのだということを、世の人びとに知らせたかった。そんなわけで二〇〇六年に、『あんたたちは春を買っているけど、私たちは冬を売っている』[15]という本を出版した。オンニたちは今まで生きてきた生を文章にする自信がなく、怖れを抱いた。けれども時間が経つにつれて勇気を持つようになり、粘り強く自分の生と向き合った。彼女たちの文章は、「現在の私が眺める過去の私、現在の私、そしてその空間で生き抜いてきた力」をさらけ出した。そしてみずから一文字一文字を記していく過程を通して、「忘却」よりは「記憶」と「再構成」によって自分たちの過去と現在、未来を結びつけた。文字化することで自分の生を他人と分かち合ったのだ。

本を出版して一年後に、ドキュメンタリー『オンニ』を製作した。ドキュメンタリーの

15 原書タイトルは『너희는 봄을 사지만 우리는 겨울을 판다』（性売買被害女性支援センターサルリム編、サミン、二〇〇六年）

製作にかかわった者たちは、二十代から六十代までの多様な世代で、シムトの居住者だけでなく、性売買集結地で現在「働いて」いたり過去に「働いて」いたオンニ、ルームサロンやナイトクラブ、あんま施術所などで「働いて」いたりその経験があるオンニたちなど、さまざまだった。参加者を募って説得するのは至難の業だった。文字にする作業は、たどってきた人生を文章化するわけなので、自分の実際の姿（声、顔だち、服の色、行動、表情）などは外に出ない。しかしドキュメンタリーは、彼女たちのありのままの姿が映像を通して余すところなく映し出される。自分の姿がさらされるのは、彼女たちにとっては存在の危機であり恐怖なのである。だから製作の初期段階では誰も出演しないと言っていた。私をはじめとする活動家は、「オンニの本当の声ではなく、音声を変えるから」「服の色が分からないように、活動家が代役をする」「オンニの服じゃなくて、よく似た人の服を借りてあげる」「モザイク処理をするから」などと言って、説得した。

根気よく説得を続けた私たちに負けて、オンニたちは制作過程でも繊細な感情をさらけ出し、そのために幾度も撮影が中断されるという騒ぎが起こった。しかし本格的な撮影が始まると、それまでの経験を飾ることなく素直に淡々と表現した。何か月間か続けられた撮影が終わり、編集された映像を見ながら、声をはじめとして、服、靴の色と形、髪の毛の色だけでなく、鏡に反射されて現れる自分の服装までチェックした。その後もこのような過程は何回となく繰り返された。

一年以上かけた製作期間中、参加者たちは何度も討論と会議を重ねた。そして全員の汗と涙が染みこんだ作品が、ついにその姿を現した。『オンニ』の試写会の日、四百席を超える劇場は立錐の余地もないほどたくさんの人たちでいっぱいになった。この企画をドキュメンタリー監督と一緒になって進めたサルリムの活動家は、喜びの涙をとめどもなく流し続けた。ソウルと釜山で開かれた試写会には数百人が参加し、多くの関心を寄せてくれた。

『オンニ』〔英語タイトル『Unnie』、監督ケ・ウンギョン〕は、釜山国際映画祭ＡＮＤ〔Asia Network of documentary〕ファンド〔fund〕賞を受賞し〔二〇〇七〕、映画祭で公式上映された[16]。その後『あなたはいくらですか(당신은 얼마입니까?)』という名でＤＶＤにリメイクされ、

16　第12回釜山国際映画祭（２００７年10月４日〜12日）。

性売買予防教育の現場で教材として活用されている。オンニたちの生をたくさんの人たちに知らせて共有しようという私たちの目標が、実を結んだのである。

書きなぐる女たちは言う、言い放つ、うるさい！　私の話を聞け

「サルリム」で活動を始めてから十年という歳月が流れたというのに、まるで昨日のことのようだ。活動家たちの情熱と献身、そしてオンニたちの心が一つになって、私たちは多くのことを成し遂げた。サルリム十年の「核心キーワード」は何か考えてみた。それは「オンニたち」だった。

釜山の玩月洞、大邱《テグ》のチャガルマダン、光州月山里《クァンジュウォルサンリ》の座布団部屋、全州ソンミ村、平澤《ピョンテク》サムニ、ソウルの清涼里《チョンニャンリ》五八八、海雲台《ヘウンデ》六〇九、広安里《クァンアンリ》と海雲台、そして江南《カンナム》のルームサロン、城南《ソンナム》のあんま施術所など、全国の性売買店とオーストラリア、日本、アメリカ等で出会った数多くのオンニたちが、サルリムを通り過ぎて行った。また気難しい五人のオンニたち、恥ずかしがり屋で顔も上げられず活動家とまともに目も合わせられなかったオン

ニ、はっきりした姿を見せないまま息遣いだけを残して突然姿を隠してしまったオンニ、自己主張が激しく活動家をほとほと疲れ果てさせたオンニ、活動家と向かい合ったまま何時間も一言も発することなく沈黙を守り活動家の魂をすっかり抜いてしまったオンニ、一緒に死のうと真夜中の路上で大声を上げて喚き散らしながら薬を差し出してきたオンニ、真冬に西面路ロータリーに行き一緒に素っ裸になって横になろうと言ったオンニ、鯛焼きを胸いっぱい抱えてやって来て、それを活動家に差し入れてくれたオンニ、料理が得意で食べきれないほどのご馳走を作り活動家を自宅に招いたオンニ、店で酒を飲み店長と大喧嘩したあと悲しくて声を枯らして泣いていたオンニ、彼女たちはみんな平凡で、自分の日常に忠実だった。振り返ってみると、サルリムの十年はオンニたちの十年であり、サルリムの歴史はオンニたちの歴史だった。

『あんたたちは春を買っているけど、私たちは冬を売っている』が出版されてからも、オンニたちの生の記録は続けられたが、その記録は本にならないまま、言葉の束の断片となって散らばっていた。年月を経るにつれて店を出るオンニが増え、サルリムの活動家として、地域の第一線で働く労働者として、自活支援センターの職業訓練参加者として、専業主婦として、各自の居場所に入り込んでいった。前の本がオンニたちの過去の記録なら、店を出たあと直面したオンニたちの内面の動きと、生活の第一線で懸命に生きて行く経験をまとめて別の形で記録することが必要だった。

それゆえ私たちは、『書きなぐる女たちは言う、言い放つ、うるさい！　話を聞け』を企画した。「自活がすべてばら色というわけではない」をスローガンに、大きな意気込みを抱いて始めてはみたけれど、その過程は順調とは言えなかった。オンニたちが店を出た時期は千差万別で、その差は数か月から数年という開きがあり、職場も違っていた。互いに性格が合わず反目し合う者もいた。文章の上手なオンニがいるかと思うと、やっとのことで一文を書き上げるオンニがいたり、ハングルが分からないオンニもいた。そうこうするうちにオンニたちは、プライドが傷つけられたり、ますます劣等感を強くしたりしていた。「あんたがどれだけ上手に書けたか、見てみようじゃない」などとやっかみ合って、感情的な対立の溝が深まったりもした。とはいえ、こういった精神的な負担に向き合って躊躇し、怒り、涙を流し、沈黙して、彼女たちなりの方法で自分の生と対面していた。

そうしたなかで、「死ぬほど愛する人と死ぬほど憎い人」に手紙を書く時間があった。

オンニたちがためらっていると、活動家が自分の物語を書いて読み上げ、オンニたちをジーンとさせた。会場は一瞬のうちに涙の海となった。その日以降オンニたちは、「活動家も私たちと特別変わったところがない人間なんだな」「人の目を気にしないで気楽に書こう」「短く書いたらどうだろう」「こうして互いに分かり合えて共感するんだな」と理解し、状況はうまく収まっていった。文章を書くのを負担に感じていたオンニたちも、勇気を出して一行二行と書き進め始めた。互いにありのままを見つめ、自分の率直な気持ちを文字に込めた。

文章はきちんきちんと積み上げられていった。それはやまびこのように響き、互いの言葉を心で受け入れ始めた。自分の言葉と文章に人びとが心から共感することに気づき、自信を持つことができたのだ。

そうして自信を持てるようになったオンニたちは、自分の経験をほかの人と分かち合いたいと思い、「書きなぐる女たちは言う、言い放つ、うるさい！　話を聞け」というおしゃべり大会を企画した。舞台構成、照明、式次第まで本人たちが準備し、自分たちが舞台に立つのか、代役を立てて声を変えるか、舞台に立つとしたら仮面をかぶるか、仮面をかぶるとしたら声はどのように変えるのか（ヘリウムガス）など、何日も何日も激論を重ねた。そしてオンニたちは「せっかくここまで来たのだから小心《ソシム》〔臆病〕になって代役を立てようとしないで、大心《テシム》」[17]で、自分たちが直接舞台に出ようと結論を出した。

性売買経験当事者おしゃべり大会「うるさい！　話を聞け」は、激しい風が吹きすさび土砂降りの雨が降りしきる〔二〇一三年〕一二月の夕方に開かれた。大会と言っても、烙印と差別のない社会を目指す大会という特性上、順位や賞品はなかった。とにかく言いたいことを喋り散らすのが重要なポイントだった。オンニたちが顔を出し舞台上で話すイベントだったので、参加は予約限定にし、会場入り口で携帯電話など、個人情報が記録公開されそうな機器類はすべて回収した。彼女たちはホールドレスを身に着け、店での化粧（派手な眉と真っ赤な唇）をして舞台に立った。オンニは、「わたしは自分の話はしたけれど、私が『仕事』していた時の姿は誰も知らない。だから、こんな格好で『仕事』していたということを人に見せたかった」と語った。

17　「小」という単語の反対語である「大」とを対比させて使っていると思われる。ただし韓国語に、ここで使われているような意味での「大心」という単語はない。「大胆」とでも訳せるだろう。

書きなぐる女たちの行事で挨拶する著者（2012 年撮影）

緊張しすぎてうまくやれるかどうか不安だと言っていたオンニたちは、舞台に立った瞬間、水を得た魚のごとく楽しそうにあちこち泳ぎ回った。そうして舞台に立つという経験を通して勇気を得ていった。その後言葉が爆発したオンニは、制御できないくらい長い時間自分の物語をぶちまけていった。天気が良くないにもかかわらず百人余りの人たちが集まり、発表者たちは時には笑い時には涙ぐんでいた。オンニたちの勇気と経験からにじみ出る飾り気のない話で、会場内は感動のるつぼと化した。こうしてイベントは成功裏に締めくくられた。

このことを踏まえてオンニたちは、自分の

経験をほかの人たちに語りながら心に感じたことを書いている。それを次に紹介しよう。

後記一

私はあの場で性売買女性という名を使って、世間に対する不満やつらさを初めて人びとに話すことができた。以前は不満があっても烙印を押されても色眼鏡で見られても、性売買女性なのだから当然我慢しなければならず、いつも感謝の心で生きていかねばならないと思っていた。けれども別の見方をすれば、私は性売買女性である前に女性であり一人の人間なのだ。どうして世間に対して不満がないと言えようか。でも私は不満を口に出す勇気がなかった。それで偏見を持たずに見守ってくれる活動家に不平・不満を言い続けて、彼女たちを煩わせ、少しずつ世間に対する不満の中に、自分を縛り付けていったのかもしれない。

「うるさい！　話を聞け」は、世間に対する不満と性売買女性を見る視線について、堂々と語ることのできる場だった。私はその場で、世間に対して感じている不平だけでなく、私がどんな人間なのか、私がどのように行動し何ができるのかを考えて話そうとした。「うるさい！　話を聞け」は、私自身に対して語った物語なのだとも言える。

後記　二

「うるさい！　話を聞け」は、「書きなぐる女」が作り出したもう一つの成果である。私には実際、目立つところは何もない。逆にそうだからかもしれないが、私は切なくつらいだけの私の話を、大胆に語らねばならない気がした。そしてサバイバーとして私の口を通して出た話は、人びとの心を動かしたようだった。前後のことなど考えなかったし、背中を押されたわけでもなかった。私は勇気を持って、またふてぶてしく進み出たかった。後ろで話すよりいっそ前に出て公に話してみようという気持ちも大きかった。どう聞くかはその人次第だ。

話が終わった今！　あの日自分が何を話したのかぼんやりとしか覚えていないけれど、確実にあの経験が私に自信をつけてくれた。初めて人前で話すので難しさもあり、何を話していいのか悩みもしたが、こうした経験を経て私は堂々と振舞えるようになった。さばさばした気分で話せたわけではないが、また機会があればもっとうまくやりたいと思っている。私が話した内容に不満があるかもしれない。でも舞台の上で自分の言葉で初めて性売買の話をした経験は、永遠に記憶に残るに違いない。

第四章
価値と情熱の持ち主たち

サルリム事業評価会議の場面（2013 年撮影）

「性売買女性」と「マダム」との境界

オンニたちと会うたびに私たちは、オンニたちが店でおこなっているのは性売買だけなのか、それとも性売買・マダム・玄関イモを同時に担っているのか、性売買・マダム・玄関イモ、そして店長を同時にやっているのか等々、性売買女性と店長、マダム、玄関イモの境界を、包丁で大根を切るようにスパッとは区分しにくいという問題に直面した。性売買と玄関イモを掛け持ちする女性は、だいたい年を重ねているか、前払金が多かったりした。そもそも年を重ねると買春者から指名されにくくなり、店でも「あがり」扱いされる。そのために性売買だけでは前払金を返したり、生計を維持したりするのは困難になる。それに長いあいだ一つの店にいると、店長の依頼を断りづらくなり、店の同僚が持ち場を離れる際、代わりに性売買を引き受けることもある。また呼び込みや店の常連客の管理、女性たちの管理など、業務全般に責任を持つ場合もある。オンニたちは、「習ったことはこれしかないから仕方なく」やっていると吐露していた。

以前にマダムや玄関イモをやっていたとしても、出会った当時にオンニが性売買しているなら、私たちは積極的に介入した。けれども彼女たちが玄関イモ等、性売買を斡旋したことによって生じる法的問題とは距離を置いた。とはいえオンニたちが生きてきた経験談を聞き、互いに親しくなって信頼関係ができると、人間的な葛藤と苦悩に襲われもした。次の事例はこのような葛藤について書かれたものだ。

二四歳の女性がいた。高校卒業と同時に友人に騙され、前払金二千万ウォンを受け取ってルームサロンで働き始めた。ところが借金がどんどん膨れ上がり五千万ウォンになり、とうてい持ちこたえられなくなったという。店のメンバーから「マダムをやってみたらどう？　アガシの管理さえきちんとすれば、いくらでもお金を稼ぐことができる」と言われたので、マダムを始めた。けれども、アガシに前払金を渡すために自分がお金を借りて保証人になったのはいいが、アガシが逃亡したものだから借金が一億ウォンを超えてしまい、にっちもさっちもいかなくなったので逃げ出したというわけだ。その結果、貸金業者、第二金融機関に訴えられ、店長からは詐欺の容疑で告訴された。私たちはジレンマに陥った。マダムとして働き始める前に抱えていた五千万ウォンだけを支援するか、その後の件も支援するのか、五千万ウォンと一億ウォンは別件と見ることができるのか、連続線上にあるのかと、悩んだのである。彼女は五千万ウォンの借金さえなければ、マダムを引き受けていなかっただろう。

性売買女性、店長、玄関イモの役割を同時にこなす女性の話もある。オンニは毎朝白い子犬を抱いてやってきた。彼女は最初私と会った時、自分のことを「店で働くアガシ」だと自己紹介したあと、「兄がいないので甥・姪を食べさせなくちゃいけないけど、このトンネから出ていけない」と続けた。オンニはある日、同じトンネで働くほかのオンニたちと出くわした。オンニたちは「店長がどうしてここにいるの？　〇〇館の店長だ。少し前に店長になったばかりだ。店長をやりながら性売買もしていて、クソ客も全部受け入れている。玩月洞の店長たちも無視している。がむしゃらに金を稼いで店長になった。アガシの時には寝る間も惜しんで金を稼いだ」と言って、彼女のことを玩月洞の店長なのだと話した。オンニには法的な問題はなく、玩月洞の女性たちに支給されている月三七万ウォンの緊急生計費を受け取りたがっていた。私たちは彼女に、緊急生計費は性売買をしている女性たちにしか支給されないと言った。そのオンニを性売買女性と見るべきなのか、店長と見るべきなのか、私たちは困り果てた。活動家たちのあいだでさえ「今性売買をしているのだから支援すべきだ」「両方掛け持ちしているからだめだ」「店長として働いている時間がずっと長い。相談は可能だけど、支援は難しい」などと、意見が分かれた。

しかし明らかな事実が一つあった。彼女自身が性売買女性だとしても、店長として女性たちに前払金を与えて性売買をさせたということである。それにいくつもの名目で罰金も取り立てるなど、実質的に女性たちを支配していたらしい。つまり店長としての性格のほうがはるかに強かったわけだ。このような理由で、彼女の相談は受け入れるが、現金や現物等、物質的な支援はしないことにした。

店という空間では、オンニたちが担当している「仕事」に明確な区分はない。店の状況によって店長の命令通りに役割を果たすだけなのである。

前払金、便法と不法とのあいだ

店長たちは女性たちに前払金を直接渡さない方法をとって法的責任を逃れ、第二金融機関や貸金業者はこの点を悪用して、貸し出しの実績を上げるために店の女性たちを利用する。店長は、女性たちが店で働きながら借りた金は、女性個人が直接借りたものなので自分たちは知らない、と言い逃れをすればそれで済んでいた。そして第二金融機関や貸金業者は、店で働いていると思っていた、性売買しているなんて知らずに貸したと、責任を回避する。

私たちは、女性たちがそのような不当な術策に無防備状態のまま置かれているのを、黙って見ているわけにはいかなかった。そこで問題提起と法的な提訴や告発を限りなく続けて、正面から闘った。活動家たちの絶え間ない努力の末に、裁判所で勝訴する判例が増え、これがフェミニズムジャーナル『イルダ』[1]に紹介された。

「最近、債務問題によって苦しんでいる性産業従事女性たちが希望を持てる判決」が、裁判所で出された。性売買店の店長や貸金業者以外に、第二金融機関が貸出金という名目で貸した前払金もやはり「違法」であり、返す理由がないとの判決を下したのである。性売買業者は第二金融機関の貸出形式をとって前払金を女性たちに提供し、女性同士で連帯保証させている。性産業に従事する女性たちは、多くの場合「前払金」という債務関係を通して店長に縛られ、「仕事」をさせられる仕組みになっている。そのために彼女たちは、辞めたくても抜け出すことができないという状況に置かれる。以前は、それぞれの性売買店で店長が直接前払金を女性に貸与していた。それが少しずつ貸金業者を前面に立てて前払金を提供するようになり、現在は貸出担当者が臨時に雇った貸出ブローカー等を通じて金融機関が貸出すという形式をとって、前払金を提供するという方

1　韓国のフェミニズムウェブマガジン。多様で発展的なフェミニズム論を作るのを目的としている。

式が主流となっている。

性売買を斡旋する店は「違法」なので、性売買と関連して支給された前払金も、やはり法的に「無効」となる。そこであらゆる便法が動員されるようになり、これを立証するのは相当困難になっている。今回の事件は、二〇〇三年に〇〇相互貯蓄銀行が、釜山市海雲台所在のB遊興酒店で働く女性たちに対して、貸した金を返せという趣旨で貸与金返還訴訟を起こしたことが表面化したものだ。

釜山女性人権支援センター「サルリム」の〇〇〇活動家によると、二人の女性が一審で敗訴したあと、二〇〇八年に協力を要請する目的で団体を訪れたとのことだった。「二〇〇三年度から海雲台で働き、ブローカーが銀行側と連携して金を貸したと聞いている。本人たちにも債務があり、連帯保証債務もあった。店からは一人当たり四人から五人の連帯保証をするよう強いられていた。一件当たり八、九百万ウォンから千六百万ウォンまでの訴訟があり、利子が元金の額よりはるかに多い場合もある」と説明した〇〇〇活動家は、前払金は「強制性のある金」だと強調した。またその活動家は、「お金を受け取らなければそこで働けない。それにそのお金を使わないと働けない。ほかの女性たちに対しても『逃げ出すか、そうでなければ連帯保証をしろ』と言って、縛り付けておくのだ」と、事件について付け加えた。

被害女性たちは結局、「サルリム」とピョン・ヨンチョル法律事務所の支援のもと、○○相互貯蓄銀行を相手に民事訴訟を提訴した。二〇〇九年一二月二日、ソウル東部地方裁判所は、「営利を目的にして淪落行為をするよう勧誘、誘引、斡旋、または強要したりこれに協力する者の債権は、契約の形式に関係なく無効」という判決を出し、女性たちは歓喜の声を上げた。その後、〔高裁を経て〕○○相互貯蓄銀行側が上告したが、二〇一〇年三月二五日に最高裁判所で棄却された。○○相互貯蓄銀行側のような第二金融機関で提供した前払金も、やはり性売買を斡旋する債権だと判断され、無効を宣言された判決だったという点で非常に重要な意味を持つ。

釜山女性支援人権センター「サルリム」は、「合法を装って前払金を提供して性売買を斡旋、強要する不法性売買店の前払金提供方式にブレーキをかけた積極的な措置」であり、これは、「どんな形であろうと前払金は禁止」という司法部からの厳重な警告だと評価した。○○○活動家はまた、「訴訟を起こした人は二人だったが、連帯保証をした人たちは相当な数に上り、集計できないほど」だと言い、「釜山だけでなく、ソウルでも（第二金融機関を通して前払金を受け取る人が）たくさんいたと聞いている」と語った。続けて、「今度の判決が広く知られて、不当な債務関係が原因で苦しむ方たちの助けになるよう願う」と、付け加えた。

「私は生きなきゃ、あんたもこうなったからには、ここを出てちゃんと生きていきなさい」

オンニたちは性産業関係者（店長、マダム、メンバー、貸金業者、店のサムチョン、店周辺の関連従事者など）を告訴したり、あるいは逆に告訴されたりして、取り調べを受けるために警察署に行くようなことがしばしばある。すると、昔、店で一緒に働いていたり、取り調べ当時、店で働いている女性に、警察署で出会う時がある。

店長は、店内で性売買が「なかった」ことを供述するために、店の女性たちを参考人として連れていく。女性たちは現在店で「働いて」いるので、取り調べの際、告訴した人の立場で供述するようなことはしない。むしろほとんどが店長の側に立って供述する。ひどい時は、監禁されて性売買をしていても、全員同じように「借金もないし二次もない、気楽に『仕事』している」「忙しいのに何でこんなことして営業妨害するんだ」と非難することさえある。

オンニたちは日ごろから、警察の取り締まりによって摘発された際の「摘発時の行動指針」について教育されると共に、ありのまま話した場合に伴う結果などについても教えられる。店長の行動指針についての教育もあるが、結局オンニたちが警察と法を信用していないからだともいえる。警察と法を信じられない理由は、「取り調べが終わって裏門から出ると、店のサムチョンが車に乗って待っていた」「取り調べのあと、また店に引っ張って行かれた」といった自分自身や同僚たちの経験談、または店長が「警察署長の誰だれを知っているし、誰それとは親戚で兄のようなものだ」と言って、警察と親しいことを誇示するのを何度も聞いているからだ。店長たちは、「お前が通報したところで、お前だけが赤いアンダーラインを引かれて目をつけられるだけだ。こっちは罰金を払うだけですむし、罰金を払ってからお前を探し出すこともできる。だけどその時はただじゃすまないからな。家まで訪ねていって家族に全部ばらしてやる」と、脅すのである。

法の知識が乏しいオンニたちは、ふだん警察、検事、判事、弁護士など司法機関の者たちが、自分の働く店に酒を飲みに来るのを目撃して、店長の話を信じるようになる。それゆえ、オンニたちが警察で取り調べられたり、取り締まりに引っかかって警察に出向いた場合、店長から平素言われているとおりに供述するしかないわけだ。それぞれ置かれた状況が異なったオンニたちを支援した事例を、次に記しておく。

〇〇地域の座布団部屋に閉じ込められて、性売買をさせられているのが分かったオンニの家族が、救助を要請してきた。活動家たちは即座にオンニの家族と一緒に〇〇に向かった。〇〇に着くと家族と一緒に警察に緊急救助を要請し、特にもめることなくオンニを連れて警察に行った。オンニは、「店で性売買を強要されて、その期間は自由に外出できなかった」と、落ち着いた様子で警察の取り調べで供述した。彼女が働いていた店は開業していくらも経っておらず、マダムを特に置いていなかったのでオンニは「臨時マダム」兼アガシとして働いていた。また店の女性たちとテーブルにも入り、二次に出たうえ店の管理までしながら、店長に九百万ウォンの借金があった。

オンニが取り調べを受けるため警察に行くと、三十代前半とおぼしき女性が、店のマダムだと言って取り調べられていた。彼女は、「店長に借金もないし、二次もないし、監禁もない」と供述した。警察はオンニとマダムを対質尋問した。オンニは、「オンニ、私と一緒に二次に出たことあるでしょう。渓谷酒もやったじゃない」と言って感情的に訴え、もどかしい思いで問い詰めた。しかしマダムは、一貫して監禁と性売買はなかったと主張した。

オンニは私たちに、「あのマダムオンニが理解できないです。どうしてあんなに嘘をつけるのでしょう」と尋ねた。活動家は、「長く店で働いていると、あの『仕事』をやめることを怖がるようになり、店長から憎まれると自分の地位を失うこともあるので、不安なんですよ。あのオンニ、長い間アガシだったのが少し前にマダムになったんでしょう？マダムの地位を失いたくないのですよ。借金もあるってことでしょう？」と答えた。当のオンニはしばらく考えていたかと思うと、「マダムオンニがかわいそう」と言って、今にも泣きだしそうになった。

三十代前半のマダムの顔には、それまで生きてきた歳月の痕跡が刻まれていた。刑事が繰り返し取り調べて追及したが、マダムは揺らぐことなく一貫して主張した。活動家は一度マダムと話してみなければと考え、警察にその旨を要請した。おかげで活動家はマダムと話す時間を持つことができた。警察署の誰もいない空間でマダムと向き合うと、マダムは煙草を取り出して吸い始めた。

活動家は、「オンニの立場は理解できます。私もオンニの立場だったらそうすると思います」「性売買防止法には、店長から受け取った前払金は無効という条項があります。店で監禁されて性売買が強要されているので、罰せられずに保護されると思います。オンニも処罰されないですよ。店長の目を伺わないで事実を話してください」と語りかけた。マダムは、「そう言ってくれるのはありがたいけど、私はもう片方の耳を塞いでしまったのです。私の供述は事実だし、そちらの話は耳に入りません」と答えた。「○○さんが憎いでしょうね」と言うと、彼女は「ううん。あの子は自分が生きるために選んだのでしょう。それが正しいとは思わないけど。○○は私のこと慕ってくれたし、私も○○は憎くはないです」と言うのだった。

マダムの決心は固かった。オンニの有利なほうに供述を翻すことはできなかった。それで活動家は、気持ちが変わったら連絡できるようにと、マダムに連絡先を渡しておいた。そうして「オンニの言うようにこの店は働きやすいかもしれないけど、ほかの店に行ったら不当なことをされるかもしれないじゃないですか。その時電話をください」と言っておいた。彼女の携帯電話の壁紙は男の写真だった。「恋人ですか」と質問すると、「今、ソウルで会社勤めしています。私もあと一年だけやってやめなくちゃ。一生やるようなことじゃないでしょ。アクセサリーショップを開く元手ができたらやめます」と言うので、「そうですね。たくさんお金を稼いでください」と答えた。

取調室に戻る前にオンニにマダムとの話を伝えた。すると「マダムオンニ、かわいそう」と言い、取り調べられているあいだずっと涙を流し続けた。オンニが直接マダムと話そうとしたが、「店長が恐くてこれ以上無理」と言われた。取り調べの様子を店長が横に座って見ているので、私たちは警察に「加害者は店長なのにどうして横にいさせるんだ」と抗議したところ、警察はようやく店長を取調室から追い出した。店長が出ていくとマダムはすぐに、「私は生きなきゃ、あんたもこうなったからには、ここを出てちゃんと生きていきなさい」と言いながら、オンニを見つめて大声で泣き始めた。取調室が突然騒がしくなると、取調室にいた警官たちは困惑したような表情で二人を見ていた。こうしてオンニとマダムは互いに抱き合って、しばらくのあいだ泣き続けた。

互いに反対の供述をしている者がこんな振る舞いをするなんて、警察としてはどうしていいか分からず戸惑ったことだろう。それでもマダムは、自分の立場で生き延びるために最善の選択をするしかなかった。

「付かず離れず」の存在、警察

オンニたちが店を脱出して、○○地方警察庁に駆け込んだ。私たちがそこに着いた時には、オンニたちの供述はすべて終わっていた。警察の担当捜査員たちが関係者を緊急逮捕するために全国各地に散らばったあとで、責任者以外は誰もいなかった。時間の経過と共に紹介業者をはじめとして店長、銭主、暴力団員たちが一人、二人と確保され、取り調べから逮捕まで計三泊四日かかった。私と活動家たちはシャワーも浴びられないまま、オンニと一緒に警察庁特殊犯罪捜査隊の一室のソファで背中を丸めて寝たり、明け方にちょっと外に出て仮眠を取り、再び戻ってこなければならなかった。責任を持って取り調べるので帰るように警察から言われたが、そんなことはできなかった。逮捕された者たちがこの事件と関係があるのかオンニたちが確認し、陳述調書を一つ一つ見ながら修正する作業を何回も行った。犯罪者を告訴して警察署でオンニたちと行動を共にするには、長いあいだ待たされるのを覚悟し、そしてそれを我慢する忍耐心が必要だ。

オンニたちと共に行動することのすべてが、大切で重要である。店にいようが店から出ようとしていようが、店から出てきた時に必要な援助を受けられる所が警察なのである。オンニたちは、前払金など、店で起こるさまざまなことを法的手続きを経て解決しなければ、その後の人生に一歩も踏み出せない。

警察の捜査次第で起訴されたりされなかったりするので、活動家はオンニが取り調べられる過程で警察と論争もし、対立もし、悩みながら時には協力したりもする。警察と現場の団体は、ある瞬間には友人関係にもなり、ある瞬間には敵となることもある。ゆえに私たちは、警察とは「付かず離れず」の原則を守りながら、オンニたちに有利な結果が出るよう最善を尽くした。

性売買女性の多くは、警察という空間に恐怖を感じている。警察は「ポドリ」[2]という

2　「포돌이」。韓国の警察のマスコットキャラクター。POLICEの「ポ」、朝鮮時代に犯罪者を取り締まるために置かれた官庁、「捕盗庁《ポドチョン》」の「ポ」から取り、警察を象徴する言葉として使われている。「ドリ」は男性を示す名詞を作る単語、

親しみのあるイメージキャラクターを使って市民に近づこうとしているが、オンニたちは依然として警察を「恐い所、自分の問題を解決してくれない所」と思っている。オンニたちは店長からいつも、「自分たちには懇意にしている警官や検事がたくさんいる、警察はみんな自分たちの味方だ」という話を聞かされており、実際に店に来て酒を飲み二次に行く警官と検事をたまに見かけるからだ。けれども実際に警察で取り調べを終えて出てきたオンニたちの中には、「思ったより悪くなかった」という反応を見せる者が少なくなかった。

相談所に来て協力を要請することをせずに、一人で問題を解決しようと勇気を出して警察の取り調べを受けたけれど、途中で飛び出してきたオンニたちもいた。彼女たちは「警察がため口をきいて私たちをぞんざいに扱う」「店長を横に座らせておいて取り調べ、私に、すみませんと言って金を返すよう頭ごなしに怒鳴りつけた」と、怒りをぶつけた。「一人で取り調べを受けるのか、現地の支援団体と一緒に取り調べを受けるのか」によって、警察の態度が変わる場合がたまにあったのだ。

女性警官のキャラクターもいて女性を示す名詞「スニ」をつけて「ポスニ」と言う。

オンニたちが店の関係者を告訴したり、店の関係者から告訴されたりして警察に行くと、オンニに対する警官たちの姿勢や解決方法が、地域の警察署によって異なることがあった。活動家からすると、こんな状況には困惑し対処に迷ってしまう。そういうわけで私たちは警察の取り調べに同行する際、客観的な書類（公文書や警察庁指針書）を準備し、証拠をもとにして論理的に、また時には非論理的な感性や人間愛に訴えたりした。ある時は、絶対何とかすると決断しピンと張り詰めた気持ちで出かけていった所で、逆に大きな感動を受けることもあった。

ある日のこと、サルリムのドアを叩くオンニがいた。彼女は○○地域で働いていた。そこで無理やり性売買をやらされ、店長が性売買を強要し続けるので、朝、宿所を脱出してきたのだった。急だったために、私物を全部そのまま置いてきて、何も持ってこなかったと言う。そして荷物を取りに行きたいとも付け加えた。私たちはいったん○○地方警察庁女警機動捜査隊（以下「女機隊」）で告訴の手続きをすませた。そしてオンニの父親と一緒に、○○地域にある座布団部屋の宿所、○○旅館まで荷物を取りに行った。荷物を取りに行く前に、私たちは女機隊と相談し、協力してもらうことになった。しかしその日に限って緊急の事件が起こり、女機隊は私たちと一緒に行動できなくなった。彼女たちは「自分たちは行けそうにないので、近くの交番に協力を要請してほしい」と言う。

活動家は交番に協力を要請せずに、果敢にも自分たちだけでオンニが居住していた旅館に行き、荷物をまとめ始めた。ところがこれを見た旅館の主人がすぐ店長に電話をかけた。すぐに、店の営業部長が旅館のカウンター横にある部屋から飛び出してきた。そして活動家とオンニに聞くに堪えない悪口を浴びせながら、荷物を持っていくなら金を出してから行けと頭ごなしに怒鳴り始めた。そのお金とは、オンニが店で働き始める前に受け取った不法な前払金の債務のことだった。時間が経つにつれて状況が険悪になり、人びとがあちこちから集まってきた。

私たちは旅館の主人に宿泊費は払うと言ったが、相手は聞く耳を持たなかった。そうこうするうちに宿泊費と関係なく店の債務問題が出てきたので、活動家は急いで一一二番に通報した。通報後交番から活動家に電話がかかってきた。「この事件は私が見るところ、民事のようだ、通報があったのでいったん行ってはみるが、警察は民事には介入できない」

という内容だった。呆れてしまった。なぜ現場に来ようともしないで、店の話が出るとすぐにそれは借金返済の問題であり、民事訴訟をしなければいけないと言ったのだろうか。その警官の状況判断能力が疑わしいと思うばかりだ。

警官たちは旅館に着くや、私たちに「宿泊費を払わなくてはいけない」と言った。「宿泊費は払う」と答えると、彼らは間髪を入れずに私たちを前にして一席ぶち始めた。その要旨は、オンニが詐欺行為で法に触れることがあり得る、というものだった。彼らは私たちに状況について説明する機会すら与えず、自分たちの話ばかりした。そうしてそのあいだに到着していた店長に対して、「このアガシ、告訴してください」と言って、帰っていこうとした。店長が旅館の出入口の前で立ち塞がっていた。そこで活動家は店長の肩越しに警官に向かって、「車に乗るまで身辺保護をしてください」と要請した。すると「できません。警察が何でそんなことしなければいけないのですか」と、助けてほしいという要請を断固として振り切り帰っていってしまった。

警官がそうして戻ったあとの状況はより険悪になっていった。警官の言動に自信を得た店長、営業部長、そしてしばらくしてから到着した紹介所所長は、得意になって暴れ回った。

最初はオンニを旅館の部屋に引きずっていこうとし、紹介所に連れていってほかの店に売り飛ばしてやると脅した。こうして私たちは、危険な状況の中で旅館に監禁された。彼らはオンニを紹介所に連れていき、ほかの店でトライをさせようとした。オンニの手首をつかんで悪態をつきながら引っ張っていこうとする店長を止めると、店長は私たちにオンニの前払金の保証人になれと言う。私たちは、お金は後で払うからとにかく今はオンニを放してくれと頼んだが、何の効き目もなかった。そこで女機隊に電話して慌ただしく状況を知らせた。紹介所所長と女機隊隊長が電話で話したけれど、進展はない。紹介所所長は電話を切ると再びオンニを車に乗せようとした。やっと事件の深刻さに気が付いた女機隊が、該当地域の女機隊に連絡した。

たまたまその女機隊は、○○ロータリー近くの○○警察署に出向中だった。彼女たちは、すぐに行くから時間稼ぎをするようにと、活動家に連絡を入れた。私たちは紹介所所長の話を聞いて交渉し、オンニを渡すわけにはいかないと言い争いながら時間を稼いだ。その女機隊は、少し前にやって来て妨害したまま戻っていった交番の警官と違い、すぐに現場に出動してきた。警官が車から降りると、気勢が上がっていた店長と所長は、お前は何だと言わんばかりに威勢よく話しかけた。女機隊は自分たちの身分を明かし、みんな地方警察庁まで行こうと言った。そうして全員警察庁に連行された。

〇〇地方警察庁で活動家たちは、その日起こった複雑で急を要した状況と以前に相談していた内容をもとに、参考人として事情を聴かれた。オンニは店で被っていた不当な事態について取り調べられ、旅館の主人と店の関係者たちもまた事情を聴かれた。それは夜遅くまで続いた。オンニを青少年時代から遊興酒店で働かせる目的で紹介し、利用してきた加害者たちを捕まえるために、警察は夜の十時過ぎに出動し、加害者たちは緊急逮捕された。

地区隊警察が判断ミスをしたために、活動家とオンニはあやうく拉致されるところだった。私たちはそのような状況を抜け出すために、「本当に保証人にならなくてはいけないのではないか」と、あの時ふと思ってしまった。今考えてみるととんでもないことだが、あの当時は強要による保証には法的効力がないわけだから、オンニを救出するためにはそうしなければいけないと思ったのである。その後、私たちは、オンニと活動家を危険にさらしたまま、自分たちの任務を果たさなかった交番の警官たちを懲戒処分するよう、警察庁に陳情書を提出した。その結果、該当する警官たちは、「性売買被害女性事件の予防と慎重な事件処理のための」特別教育を受け、彼らの自筆で書かれた教育内容を私たちに送ってきた。そして地方警察庁女機隊が積極的に捜査し逮捕に動いたおかげで、事件は無事締めくくることができ、加害者は懲役二年を求刑された。

この事件をきっかけに私たちは、その女機隊としばらく蜜月（?）関係を維持した。私たちはその地域で起こる事件だけでなく、ほかの地域の事件まですべて○○女機隊に持っていった。彼女たちは、被害者の立場で懸命に事件を解決しようとした。そのうち時間が経つにつれて、女機隊の隊員たちは一人二人とほかの署に移り、私たちの親密な関係は少しずつ淡泊になっていき消えてしまった。

警察の「中立」に対処する方法

オンニたちと共に生きるということは、社会的慣習と偏見に染まっていた、オンニたちに対する私のゆがんだ思考に抗い、これを変える作業でもあった。私と活動家のみならず世間のすべての人たちの、オンニたちを見る目を変えさせなければならないと思った。オンニたち以外に私たちは警官たちにたびたび会っていたが、その警官たちも例外ではなかった。警察がオンニたちをどのように取り締まり、どのように取り調べるのかによって、オンニたちの人生は一八〇度変わるからである。

相談の過程で出会うオンニたちには、おおよそ二〜三千万ウォンの借金があった。借金を抱えたまま店を出て、今まで歩んできた生とは違う人生を歩むのは、並大抵のことではない。ほかの人生を歩むためには借金を清算することが必須条件である。性売買を前提とした前払金は、法律上無効と決められているが、性売買を前提とした前払金だと立証するのは困難であり、立証責任はオンニたちにある。借金の性格が前払金であることを立証するためには、処罰されるのを覚悟し（性売買防止法では被害者として認められない性売買女性は処罰される）、店長や貸金業者、日収業者、マダムなどを、性売買斡旋者として告訴しなければならない。新しい人生を踏み出そうとする過程で、オンニたちは犯罪者になり、前払金が無効化されないという状況が頻繁に起こった。店を抜け出すために選んだ道が、逆に自分の首を絞めて犯罪者になってしまうという結果を招いてしまうわけだ。

二〇〇〇年代前半、淪落行為等防止法が適用される際には、性売買女性が店の関係者を告訴すると、活動家たちは警察の取り調べに同席できなかった。同席する法的根拠がなかった時期なので、私たちは警察庁、検察庁で作成された性売買女性取り調べ時の指針書や、公文書、外国の事例をコピーして、それを持って警察に出入りしながら同席を認めるよう説得した。警察は私たちが同席するのを（取り調べに関与すると言って）嫌がったが、しぶしぶ同意するか、あるいは取り調べの過程でそばに近づけないようにした。法的な根拠がないので、活動家が同席できるかどうかは警察の裁量次第だった。私たちは警察の寛大な心と惻隠の情（?）にすがるしかなかった。

二〇〇四年に制定された性売買防止法に、「警察取り調べ時、信頼関係者の同席条項」が新たに設けられた。この法によって、性売買女性が取り調べられる際に活動家の同席が許可され、司法機関が被害者条項を幅広く解釈するようになって、オンニたちが起訴されない事例が増えていった。

警察は店で前払金と暴力、監禁等があれば、被害者と認めて取り調べを進めた。しかし私たちは、「前払金があっても、警察に来る何日か以内に全部払い終えていたらどうなるのか、そうなった場合、昨日は被害者で今日は被疑者なのか。仮に前払金をもらっていないとしても、家族の生計に責任がある場合はどうなるのか。十代から始めて何十年間か店で生きてきた女性たちが取り締まられたら、被疑者として処罰されるのか。そもそも性売買女性たちはすべて、社会構造の中の被害者なのだ」と、主張した。

そんな時警察は、私たちに訓戒でも垂れるように言った。「中立的視線で見ろ。なんであの女たちの肩しか持たないのだ?」。警察がいつも強調していたのは「中立」だった。

だがその中立とは、この社会の価値と慣習による教育から出てきた中立であり、権力者の立場で続いてきた観念上の中立だった。警官たちは深刻なほど不平等が当たり前の環境に身を置きながらも、それを自覚しないまま既存の社会秩序の維持に躍起になっていた。

人権という概念で徹底的に武装した私たちは、オンニたちの取り調べの際に同席できるかどうかについて警察と腹の探り合いをした。紆余曲折の末、同席できるようになった場合、オンニたちの横に座って警官の言葉遣い（ため口、皮肉）、質問する時の態度（店長の立場で質問してはいないか、オンニに罪を認めさせるよう誘導してはいないか）などで、神経戦を繰り広げた。そうするうちにオンニが疲れてきたり、どう答えればいいのか思いつかない状況になると、供述をしばらく中断して、トイレや廊下でオンニが何を考えどのように答えたらいいのか、その内容を確認し合ったりした。

警察の質問する態度や内容が不満な時は、取り調べが終わっていなくても憤然と取調室を出たりもした。また彼らの態度に怒りを覚えた私たちは、警察署内の聴聞監事室[3]を訪ねていったり、警察庁に陳情書を書いたりした。何年ものあいだ、本当にたくさんの陳情

3　捜査、交通防犯等、各種の事件や事故の相談、苦情処理のために、一九九九年に釜山市内の警察署に導入された制度。

書を書いたと思う。その当時警察庁女性青少年課長だった人は、私の顔さえ見れば、「もう陳情書を書くのはやめてください。警察も今ではだいぶ改善されたではないですか」と言って、私たちのことを陳情書乱発団体とみなしていた。

そうしているうちに事件が起こった。一人の活動家がオンニと一緒に警察から戻ると、わんわん泣き始めたのだった。「どうしたの。何か問題でもあったの」と何回尋ねても、彼女は答えることなく泣き続けた。さんざん泣いたあとも怒りは収まらず「陳情書、書かなくちゃ。あいつら、とうてい我慢できない」と、息づかいを荒くしてまくし立てた。取り調べる警官が「法的条項がないから同席できない。アガシは店で『仕事』しているのに、何でこんなに借金が多いんだ。詐欺に違いない。それにお前たちはいったい何なんだ。どうして取り調べを邪魔するんだ。出ていけ」と怒鳴りつけたとのことだ。長々と言い合った挙句、活動家は取り調べ中のオンニの横に座ることができたが、少しでも口を挟もうものなら止められ、トイレにも行かせてもらえなかった。

陳情書を出して何か月か過ぎたころ、二人の警官が、あらかじめ連絡もせずにいきなり相談所に押しかけてきた。二人は非常に興奮しており、「お前たちのせいで懲戒処分されて、ほかの警察署に左遷された。何でこんなことになるんだ」と抗議した。とりあえず興奮を鎮めるために、二人を相談室に連れて行った。互いに互いをなじる言葉が行き交った。警官は「サルリムは干渉しすぎじゃないのか。相談所には捜査権がない、干渉するな」と言うので、私たちは、「警察にも捜査権がないのは同じだ。あるのは検察じゃないのか」と言い返し、しばらく互いに神経を逆なでするようなことを言い合った。激烈な心理戦を繰り広げたあと私たちは少し落ち着き、互いに互いの困難さを話し合った。正午ごろに始まった言い争いは、日が落ちるころまで続いた。

夕食の時間になり、「いったん食事を済ませて、それからまた喧嘩しましょう」と食卓に移動し、冷蔵庫からおかず類を取り出して一緒に食べた。晩酌しながら「お前たち、どこが偉いんだよ」「偉いとこなんかない奴が××だって」というような言葉で、互いに傷つけ合った。そうするうちに食卓の上には酒瓶が一本ずつ増えていった。酒瓶が増えるにつれて感情が激していき、互いに恨みつらみを言い合って鬱憤を吐き出した。外が明るくなっていった。いつの間にか各自の苦しい胸の内を理解する場ではなく、「誰が酒に強いか」を争う場になってしまった。一癖も二癖もある人たちだった。自分たちの仕事に対する誇りと自信で始まった出会いは、酒量を争う場に変貌してしまった。

その後も私たちは、人権感覚のない警察と論争することを恐れなかった。市役所主催の性売買防止シンポジウムが開かれた時、当時の釜山地方警察庁女性青少年係長は、「釜山地方警察庁女性青少年係に語り継がれている伝説がある。釜山地域で注意しなければならない女性団体長が二人いる。そのうちの一人がここにいるサルリム所長だ」と言った。私は一瞬とまどったが、それは非難というより誉め言葉に聞こえた。警察からそんな風に言われるなんて、活動家にとって最高の誉め言葉ではないか。

現場を知る検事が一人の人生を変える

性売買女性の人権活動をしていると、警察をはじめとする捜査機関の人たちに会うのは避けられない。そのうち最も頻繁に会うのが警官である。警察は、女性団体の活動に協力的であれ非協力的であれ、活動家たちとしばしば顔を合わせながら、人権侵害の状況に共感したり熾烈に闘ったりして、その間隙を狭めていく。しかし検察は、警察で捜査した内容をもとに起訴するかどうかを判断する。そのため、たまに警察で作成した調書に信頼性がおけないとか、事件についての判断があいまいな時に女性たちを呼ぶという場合を除いて、コミュニケーションの空間自体がないのである。

ある日、○○地方検察庁から連絡があった。○○オンニ事件のことで聞きたいことがあるので、検察庁に来てくれとのことだった。自分は検事ではなく検事補で現在実習中と言っていた。

検事補は、ある女性を取り調べているのだが、供述調書を検討してみたところ詐欺の疑いがあるので、当然起訴しなければならないと思っている。ところが実習責任者の検事に意見を提出すると、その検事から再調査するよう指示されたと言う。

再調査を指示した検事は、長いあいだある地域[4]検察庁にいた人だった。その検事は、そこでは店の女性たちの詐欺事件が多すぎて頭を悩ましていると言った。最初は法に照らしあわせて判断して性売買女性たちをすべて起訴していた。それでも店長たちが女性たちを詐欺で告訴する案件が続いた。検事は、捜査すればするほど女性たちが詐欺を働いたと判断するには無理があるのが分かったという。そこで店長と女性たちとの個人的債務というより、店の営業形態に焦点を合わせて捜査してみると、性売買を前提とした前払金があるのが分かってきた。今回の事件もそれと関連する可能性があるので、慎重に検討して結論を出すよう検事補に指示したとのことだった。

4　韓国では「地方」「地域」の両方を使う。

そうして検事補は、オンニの前払金はどのように作られたのか、店での人権侵害状況など、今までの経験をもとに話してくれと言う。私は何時間かかけて、店の類型や変則的なさまざまな罰金、店長や買春者からの暴力、紹介所を通して売られていく過程など、オンニたちが被っている人権侵害状況などについて話した。そしてオンニたちの前払金に関しては、借金によって売られていく事実上の人身売買と言える。オンニを詐欺の嫌疑で告訴した店長を徹底的に調べて、性売買の斡旋、搾取、前払金を利用した人身売買のかどで処罰しなければならないと提言した。

検事補は話を聞き終えてから、「先任の検事と出会えてよかった。会っていなかったら知りえない状況を知ることはできなかった」「検事は法に忠実でなければならないけれど、事件一つ一つに絡まるいくつかの状況を考慮する必要があるのが分かった」と、感謝の気持ちを表した。結局オンニは嫌疑なしとされ、店長は性売買の嫌疑で罰金刑を科された。

現場のことをよく分かっている検事と出会い、オンニの人生は変わった。性売買産業の構造を知らず、法に忠実なだけの者に出会っていたらどうなっていただろうか。おそらく詐欺の容疑で罰せられているだろう。前払金の性格を究明するために、こんなに意欲を持って捜査する検事がどれだけいるか。現場の活動家として動いていたあいだ、そんな検事には何人も会えなかった。

「客」として出会った検事

店の前払金詐欺事件の実態を正確に把握して、公正に捜査する検事がいるかと思うと、買春をする検事もいた。二〇一〇年四月に放映されたMBC（文化放送）テレビ「PD手帳」[5]は、釜山・慶尚南道地域の某建設企業体前代表が、現職検事長をはじめとする百名余りの検事たちに金品を提供して供応接待し、性的接待までしていた事実を暴露した。性売買をした検事たちの名前だけでなく、性売買に使われたモーテルの内部と関係者の証言などが放送され、私たちを驚愕させたのである。

地域女性団体はこの事実を見過ごすわけにはいかなかった。私たちは「PD手帳」で取

5　一九九〇年五月から放送が開始された調査報道番組。

り上げられた検事たちを地方検察庁に告発した。そして市民社会団体と提携して警察庁前で一人デモをおこなった。検事がほかの検事の不正を取り調べても、どんな結果になるか、火を見るより明らかだった。それでも私たちは、彼らに一縷の望みをかけることにした。

私たちはまたの名「Ｊリスト」に記載されている五七名の検事を告発することにし、告発人の数を五七名と決めた。しかし五七名の共同告発は大検察庁の協力が得られず、その結果、各人で告発人となり、リレー方式で一人ずつ告発状をある地方検察庁に提出した。代表告発人は特別に指定せず、以後の調査過程で、特定告発人に告発人調査委任ができるようにした。

告発内容は次の通りである。

文化放送「ＰＤ手帳」制作陣は、上記情報提供者の手帳に記載された条項についての事実確認過程において、情報提供者の手帳に記載された特定検事の性売買犯罪の事実を立証することのできる関係者まで確保し、証言をインタビューした内容を報道しました。

特に二〇〇九年三月から四月に供応接待した事実も、文書に記録されています。

二〇〇九年三月三〇日、〇〇〇大検察庁検察部長が、二人の部長検事と共に接待された事実が具体的に示されており、チョン某氏はメディアを通じて、同席した部長検事のうち一人に性的接待をしたと、具体的に述べています。またチョン某氏と〇〇〇地検長との通話記録の中に、何回か遠征性売買をしたことを示唆する内容が出ており、〇〇〇地検長をルームサロンに三回も連れて行ったとの証言と、ルームサロンから出てくる〇〇〇地検長を目撃したとの証言も出てきています。

さらに自分は検事たちに性的接待をしたと言って、「〇検事などは〇〇の人じゃなくて、ほかの土地の人なのに、あの酒場は初めてではなかった。そこに行ってみると、パートナーがいた。そのうえ二人の平《ひら》検事が馴染みにしているアガシまでいた。〇検事など三名は酒を飲んだあと二次に行くためにモーテルに行った。当時、ルームサロンの上の階にモーテルがあった。俺と〇検事は、三人の検事が二次を終えて出てくるまで、残った酒を飲みながら雑談をしていたこともあった」と、検事たちが性売買していた事実を具体的に暴露しました。さらに〇検事は〇〇で勤務していた時は、〇〇まで遠征し接待に続いて性売買までしたと話し、現在○○地検次長の○検事が、○○地方検察庁でインターンをしていた当時、主席検事だった別の○検事に付き従って通い、五〜六回ほど性的接待を受けたと言っています。（後略）

暗黙の了解のうちに知っていた検事たちの性売買は、メディアを通して赤裸々に暴露され、彼らの恥がさらされた。昼休みの時間に検察庁の前で一人デモをおこなっていると、検察庁の職員や市民たちの反応は大変よかった。特に検察庁の職員たちは、「頑張れ。ずっと続けて。傲慢なあいつら、いつかはああなると思った」と、惜しみなく応援し激励してくれた。

取り調べのためにオンニたちと警察署や検察、あるいは裁判のために法廷に行くと、「店で働いていた時に来た客」だったという場合が、たまにあった。半信半疑だったが、この事件を知ってから、オンニたちの話が事実だと分かってきた。

「長官[6]の訪問」後に残ったこと

サルリムの活動家たちは、オンニたちと共にあることに並外れたプライドを持っていた。特にオンニたちと会う時は、昼夜をいとわず使命感を燃やした。情熱と自発性が抜きんでていただけに、誰かから不当に干渉されたり指摘されたりするのを嫌った。特に公共機関とサルリムは、担当する任務はそれぞれ異なるにしても、パートナーシップを持つ対等な関係だと思って行動した。公務員の多くとは対等なパートナーシップ関係を持ち、互いに友好的に協力し合った。

ところがこのような関係が時たま行き違うことがあった。特にソウルから地位の高い者

6　中央省庁の長。日本の「大臣」に相当する。

がサルリムを訪問するとなると、彼らは本当に公務員になった。ある日、女性部長官と副長官がサルリムを訪問した。二人はなぜか、事件が起こって連日新聞に大きく取り上げられていたり、活動家たちが目が回るほど多忙を極めている時に限って、公務員たちを従えて悠々と現れる。

ソウル下月谷洞《ハウォルゴクトン》火災事件（二〇〇五年三月二七日、一名「弥阿里《ミアリ》テキサス」と呼ばれている下月谷洞の店で火事が発生した。脱出口がない性売買店で発生した火災で、五名の女性が死亡した）以降、玩月洞の店長、商人たちが反発して、オンニたちと会いづらくなり、アウトリーチも大変な思いで行っているような時に、女性部長官がサルリムを訪問するという連絡があった。すべてがこじれにこじれて道が見えない状況の中で、長官の訪問は私たちに力を与えてくれる絶好の機会になると考えた。それで私たちは、現場の状況をもとに政策提案書（性売買女性たちに対する支援対策、集結地の取り締まり状況と女性部の役割等）を作成し、すべての活動家が参加して長官との対話が開かれることを期待しながら、準備していた。

しかし私たちの期待は裏切られた。長官訪問を何日か後に控えたある日、担当公務員が現場を点検しにやってきて、隅々を眺めまわした末に口を出し始めたのだ。「トイレの掃除をしてほしいです。ドアは何年も掃除していないみたいですね。あちこち手垢がついたままです。私が最近買ったワックスを家で使ってみたら、手垢が全部きれいに拭きとれましたよ。明日持ってきます」「全体を大掃除しなくては。窓枠にほこりがたくさんたまっているし、相談室も書庫もひどいありさまです」と言うのだ。担当公務員の立場からすると、客を迎えるための準備に過ぎないと思ったのかもしれないが、私は過度な干渉だと感じた。長官は直接現場の状況を知るために来るのであって、事務室の衛生の状態を点検するために来るのではないだろうに。

それから担当者は長官が座る椅子を見て、「小さすぎます。これじゃなくてほかのはないのですか。なければ区役所から持ってこなくては」と続けた。私は、「そのままここにあるのを使ったらだめですか。これで十分なのに。現場に来たら現場の状況に従うべきではないの？」と、心の中でおずおずと繰り返していただけだ。

「茶托はないのですか」と尋ねる公務員に、ためらいがちに「マグカップでいいと思いますが」と答えると、「役所にあるのを持ってきます」と言う。一次点検を終えてから何日かのちに、その人は「性能のよい掃除用洗剤」を持ってきた。直接試してみせたかと思うと、「一緒に掃除しなきゃいけないけど、手伝えなくて申し訳ない」と言って、帰ってしまった。

洗剤の性能は本当によかった。手垢のしみで固まっていたトイレと相談所の什器につやが出て、新しい服に着替えたかのようだった。私たちは、「長官をトイレに」と叫んだ。その日の訪問者はまったく無関心だったが、活動家たちはトイレのドアにのみ視線を集中させていた。

来客用のテーブルや椅子は、「長官が現場の状況を理解するのが必要で、公共機関で使うテーブルやソファを持ってきて置いておくと、私たちがどんな環境で働いているのか分かりにくい。やりたいようにする。郷に入りては郷に従わなくちゃ」と主張して、何回か小競り合いを繰り広げた挙句、結局私たちのやりたいようにすることにした。すると公務員がひと言付け加えた。「きれいに掃除して配置してください」と。我が事務所の什器はそんなに汚いのか。細かく見てみると、確かにきれいとは言えなかった。新品を買うお金がなかったので、ほかの事務所で捨てるような代物を貰ってきたり、道端で拾ってきた物だから、きれいなわけがなかった。茶托は区役所から持ってきた。花の模様が優雅に描かれている茶托だった。その後、役所から持ってきた茶托とよく似たものを購入したけれど、誰も使わない来客用茶托として大切に仕舞われたままになっている。

何年かのちに、副長官が自活支援センター（相談所とは別の区に所在していた）を訪問した。ところが、副長官の訪問の時のほうが凄まじかった。相談所とは違い自活支援センターが入っているビルは、建ってからそれほど時間が経っていない新しいビルだった。活動家と自活支援センターで働くオンニたち全員が動員されて、大掃除作戦を展開した。六十坪余りの空間を三日かけて掃除し、動員された者たちは疲労困憊して寝込むほどだった。

公務員たちは来客用テーブルと椅子、茶托、ビームプロジェクターなど、すべてを区役所からトラックで運んできた。呆れたことにスピーチ用テーブルまで持ってきた。そして警官たちが自活支援センターの周辺をぎっしり固めたために、私たちの正体（性売買女性たちが働く場）が周辺の人たちに知られてしまった。人権感覚のない机上の行政の典型だった。

大統領がやってきたら、もっと大騒ぎになっていただろうと思った。私たちが入っているビルが汚いからと、建物全体が新しく建て替えさせられそうだ。しかし待ちに待った新しい建物と大統領は現れなかった。

成功した〇〇七《ゼロゼロセブン》作戦

　電話の向こうから緊迫した声で、「助けて」という女性の声が聞こえてきた。彼女はある地域のルームサロンで働いており、「昨日の夜、客と一緒に二次に行った。その場で夜が明けるまで暴力に苦しめられ、二次の費用ももらえないまま明け方に店に戻った。それなのに店長は慰めてくれるどころか、罵り続け、私に椅子を投げ付けて暴行を加えた」と言う。「これまでは前払金を返そうと、生理の時も二次に行ってクソ客の相手をし、殴られても我慢して『仕事』をしてきた。でももう耐えられない」と訴える。オンニは、前払金、強制性売買、外出制限、暴行などに責め苛まれていた。

　しかしオンニは〇〇から電話をかけてきたので、どんなに急いで移動したとしても、そこからここまではゆうに五時間はかかる。そのあいだに、オンニの身に何が起こるか分からなかった。地域の警察に協力を要請したかったが、警察は信じられなかった。オンニに、店の様子を見て店長の監視が緩くなるころ、タクシーに乗って釜山まで来るようにと言った。うまい具合に店から脱出して釜山まで来ることができた。けれども急いで出てきたので、証拠となるような物はまったく持ち出すことができなかった。証拠がなければ店長を告訴できない。店長が「この女性は自分の店にいなかった、知らない女性だ」と言い逃れすれば終わりだ。

オンニは店にいた際、遅刻や欠勤した時に罰金を取られていたので、店に入った一か月前より借金の額は何倍にも跳ね上がっていた。また店長の暴行や暴言、外出制限、前払金を返さなくてはならないとの理由で強制的に二次に行かされていたなど、深刻な被害を受けていた。警察を信じられなかった活動家たちは、直接証拠を集めることにした。

オンニが店を脱出した次の日に、私たちはそこに行った。店の営業は普通夜の十時から始まるので、私たちは薄暗い夕方に出発した。移動中の車内で各自が担当する役割を確認し、前もって懸命に練習した。特に買春者の役割を担当するボランティア活動家は、何度も利用しているように見せるために、事前に知り合いから助言してもらっていた。それだけでなく、声の高低、表情、言葉遣い等を何回も繰り返し練習しておいた。

　店の近くまで行くと、オンニは店長やマダム、店のサムチョンと出くわしはしないかと怖がった。私たちはオンニの恐怖をやわらげるために、周辺を何回か回ってみた。そして少しためらったあと、ボランティア活動家が客を装って店内に入っていった。私たちは周辺をきょろきょろ見回しながらそわそわした思いで待っていた。

　待ち時間は長く感じるというが、私たちが焦り始めたころ、店に入っていった彼が、私たちに向かってにっこり笑い、しっかりした足取りで戻ってきた。もしや店長が気づいて追いかけて来やしないかと、急いでその場を離れた。市内を抜け出した私たちは、車を停めてレコーダーを再生した。二次に出るという内容が、正確に録音されていた。一斉に歓声を上げげた。一度で成功するなんて。「すごい、かっこいい」と自画自賛し、オンニは嬉しさのあまり涙を流しながらありがとうを連発した。

　直接証拠を集めることができて満足ではあるが、法を執行する警察署がたくさんあるのに、どうして活動家たちが遠い所まで行って、こんなことをしなければならないのか。なぜ私たちは、警察に協力を要請できないのか、と、思った。それに集めた証拠でもって店長を告訴したとしても、果たして店長が処罰されてオンニが自由になれるか、予断は許されなかった。

活動家の「トライ」で店長緊急逮捕される

ルームサロンで働いていた少女に会った。店長は彼女が未成年なのを知りながら二次に行かせ、未成年と知らなかったとしらを切り続けた。店長はまた、性売買させた事実もないと主張した。私たちは警察署に事件経緯書を提出し、警察はすぐに取り調べを始めた。とはいえ警察としては、証拠もないのに告訴人の話だけ聞いて店長を逮捕することはできない。そのため、少女が働いていたルームサロンで性売買がおこなわれていた証拠を確保するために、誰かが店に入らねばならなかった。捜査班には女性警官がいないので、警察は私たちに被害女性と同行するよう依頼した。そこで、一緒に行った活動家が証拠を確保するという、重責を担うことになった。

活動家は「仕事」を探しているかのように装って店に入り、トライしなければならない。

そして店で二次をやらせているという事実を確実に録音すると共に、店長が今、店にいるのか、いるとしたら何番部屋にいるのか、誰が店長なのかを正確に把握して、警察に知らせなければならない。[7]

店の外に警官がいても、活動家は緊張して足が震えめまいがしてきた。ルームサロンは地下にあった。各部屋には佛国寺《ブルグッサ》、石窟庵《ソックラム》などといった文化財の名前が付けられていた。気を引き締めてどんな史跡に入るのか頭に入れておかねばならなかった。活動家が入っていった部屋には瞻星台《チョムソンデ》という史跡の名がつけられていた。地下のせいか電話がうまくつながらなかった。瞻星台にいることを警察に知らせなければならないのに、トライが続いているのでメールを送ることができない。

店長の質問に上の空で答えながら、全神経を携帯電話に集中させていた。最初の質問は「両親は健在か」だった。生きている両親を亡くなったとは言えず、健在だと答えた。次に「ど

7　このようなおとり捜査は違法だが、当時女性警官の数が少なかったので、一般人を使ったとのこと。この時逮捕された被疑者が異議申し立てを行った場合、問題となるが、店主も自分の行為が違法だと認識しているので申し立てをしないことが多い。

こで働いていたのか」と聞いてきた。それまでオンニたちに会って店の名前をたくさん聞いていたはずなのに、その名前がとっさに思い浮かばない。が、すぐに最近告訴した〇〇という店を思い出してその店名を言った。それから「チャージ（ルームサロンで使う用語で、テーブルサービス代と性売買費用すべて含めた料金）はいくらか」と、聞いてきた。特に深い意味はなく、単純にその店のビジネスがどうなっているのか知りたくて聞いているようだった。八に二五か（テーブルサービス八万ウォンに二次性売買が二五万ウォンという意味）、一〇に二〇かこんがらがったけれど、八に二五の所もあり、一〇に二〇の所もあったと言って、適当に言い繕っておいた。店長は真面目に、「そうか、たくさんもらっていたんだ、ここではそんなにたくさん稼げない」と応じた。

次は、最も重要な前払金トライの時間だった。お金が必要でもなく店で働くわけでもないのに、突然、断られるのではないかと心配になった。いったいどうしてそう思ったのか、自分の気持ちが理解できなかった。気の弱い活動家は、店長が温泉場で働くより稼ぎは少ないと言ったので、なぜか千万ウォン単位をつけると無理だと言われそうで、三百万ウォンをつけた。店長は嬉しそうな顔をして、喜んで出すと一度で承諾した。すぐに後悔した。

もっと吹っ掛ければよかった。実際もっと多い額を言わなければならなかったのだ。私の体の値段が三百万ウォンだなんて。

その後サルリムでは、警察と一緒にこのようなことを何回かやったけれど、三百万ウォンはトライ価格のうちで最も低い価格だった。ほかの活動家は二千万ウォンで成立させて、私たちの前で自慢しまくっていた。

トライが終わるころ何とかメールを受け取った警察が、瞻星台に突入した。店長は青少年性保護法違反で緊急逮捕された。捕えられた店長は活動家の顔をにらみながら、悔しそうに言い放った。「お前はいったい何者なんだ」。

サルリムの名物、煙草の束

サルリムの名物に「煙草の束」があった。相談所は連日オンニたちで大賑わいを見せていた。相談室が不足していたために、相談員の机、相談所入り口の階段、近所のコーヒーショップ、公園などに分かれて、オンニたちと会わなければならなかった。オンニたちは急用がなければ、だいたい待合室で待ちながら煙草を吸ったり、一緒に来た同僚たちだけでぼそぼそと話をしたりしていた。あるいは、活動家たちと世間話をしながら時間を過ごした。一人で来たオンニは、待っているあいだ手持ち無沙汰だったろうし、大勢でやって来ても、長時間待たされると退屈していた。

最初は気まずかったようで、ドアの前でもじもじためらったり、入り口でうろうろしていたりした。また活動家と目を合わせないなど、こちらがどう対応していいのか途方に暮れることがあった。店の関係者がサルリムへの不信感を煽り、オンニたちはそれを信じていたので、信頼よりは反感を抱いてサルリムにやって来る場合が多く、なかなか互いに心を開いて気楽に話せなかったのである。

双方打ち解けられる方法はないものか、ずっと悩み続けた。「オンニたちが相談所になじめないなら、コーヒーショップに行こう」「お昼時《どき》に会って一緒に食堂に行き、食事しよう。親しくなる最高の手段は一緒に食べることだ」「野山に行こう」など、さまざまなアイデアが出た。すると煙草を吸う活動家が、「オンニたちは最初は目を合わせようともせず、気まずそうだったから、『オンニ、煙草でも吸って話しましょう』と話しかけたら、目と表情、話し方が変わったの。煙草を勧めたらどうだろう」と、提案した。ほかの活動家が「煙草は効果があるだろうけど、吸えない活動家もいる」と返すと、しばし沈黙が流れた。その後、「私たちが煙草を吸うかどうかより、オンニたちの多くが煙草を吸うのだから煙草を勧めるだけで、急速に親しくなれるんじゃないか」という一言で、すべて解決した。

誰もが煙草を手にとれるように、煙草を箱から出し、生け花用の浅い花器、窓枠、テーブルの上、トイレ、洗面台、食卓等、人の目に付きやすいあらゆる空間に配置した。特に二つの相談室前のテーブルには、煙草の束を置いておいた。温かい気持ちがこもる煙草の束は珍しい見ものとなり、しばらくオンニたちのあいだで話題となった。相談所に来て話をしようともせずに、そっと煙草だけを持ち帰るオンニもいた。

煙草一つでオンニたちの心がぱっと変わった。煙草を吸う活動家たちはタダ（？）で煙草を吸い、オンニたちと信頼を重ねることができるという一石二鳥の効果をもたらし、オンニたちは煙草を吸う活動家に同じものを感じて急速に近づいていった。これをうらやましく思い嫉妬した煙草を吸わない活動家のうちの誰かが、オンニたちとの関係を築くために煙草を吸ってみたけれど、咳は出るわ吐き気を催すわで苦労したということもあった。喫煙所を決めなかったので、相談所のあらゆる場所が煙草の煙で覆われた。出勤してから退勤時間まですべての空間がぼんやりした煙で満たされ、非喫煙者は毎日毎日煙草と闘わなければならなかった。非喫煙者たちの権利が無視された野蛮な空間だった。

活動家への偏見（大学を出た人たちだから私を無視するだろう、私たちとは異なる人間だ）があるオンニたちに、「オンニ、煙草を吸ってから始めましょうか」と話しかけると、すぐに警戒心を解いた。煙草はオンニたちと私たちを近づける媒体だった。

活動家たちは今では禁煙に成功し、オンニたちにも禁煙を勧めている。煙草を通して私たちは、煙草は単にオンニたちと会うための一つの過程であって、すべてではないということを悟った。「煙草、そうでなければ死」と叫んでいた喫煙活動家と、「煙草の友だちは墓」と叫んでいた非喫煙活動家たちは、その後も煙草ではない多様な方法でオンニたちと信頼関係を築いていった。

私に簡易ベッドを

　私たちは雑多な種類の虫やネズミと同居した思い出の空間をあとにして、引っ越した。以前の事務所とは比べものにならないくらいの空間に、事務室も設け、トイレもきれいにしてタイルを敷き、ブラインドもおしゃれに吊るした。だが事務室の形が真四角でなく三角形になっているので、空間が使いづらかった。事務室の一番奥にトイレがあり、その横に所長室兼会議室があった。所長室兼会議室は、相談員がしばし休むことのできる休憩場所でもあった。特に折り畳み式ベッドは、活動家たちの休息の場としての役割を果たした。

　オンニたちが昼夜逆転する生活をしているものだから、活動家は昼も夜も働き、平日も休日もなかった。オンニたちは店で買春者から暴行されたり喧嘩になったりした時、店の関係者たちから暴力を振るわれた時、警察の取り締まりに遭った時、明け方一人で酒を飲み憂さを晴らす時、いつなんどきでも電話をかけてきた。

　こんな生活が原因で疲れ切っていたころ、私は活動家たちに提案をした。「オンニたちに電話番号を教えないことにしよう。活動家も人間らしい生活をしなくちゃ」と。活動家たちは「だめですよ。夜、オンニたちに何が起こるか分かりません。明け方に電話をかけてこられても構いません」と、断固として反論する。オンニたちに業務上対応しているのではなく、心から対応しているのだと思うと、感動で胸が熱くなった。

　寒い冬の日、活動家たちは充分睡眠をとることができず、風邪や疲労で体調を崩す者が続出した。事務所はさながら「サルリム病棟」と化していた。昼夜を分かたず仕事をするのは構わないが、休む権利は保障してほしいと、活動家たちから言われた。そうして、少しでも休める空間があるといいのに、という気持ちが互いのあいだに自然と生まれていった。

　そうするうちに誰かがため息をつきながら、「折り畳み式ベッドがあれば、家に帰らずに相談所で寝泊まりするんだけど」。何日かのちに、会議室の隅にコバルトブルーの折り畳み式ベッドが広げられた。折り畳み式ベッドのよい点は、空間を利用しやすいことだった。ある時は会議室、ある時は寝室、ある時は事務空間、ある時は事務室兼寝室として同時に使えた。活動家のいびきの音、すやすやという寝息、どこかが悪くて呻いている声などが、絶えることがなかった。折り畳み式ベッドは活動家たちの哀歓や人間味、生きていることを感じさせる大切な私たちだけの休息所だった。

一坪もないベッドは少しのあいだでも疲れを癒してくれ、活動家たちに活気を呼び起こす道具にもなった。狭い簡易ベッドに、二人がぴったりくっついて眠ることもあった。椅子やソファ、相談室などで座って居眠りするより、はるかに楽になった環境に、活動家たちはベッドの争奪戦を繰り広げるほどだった。会議室の窓の向こうで、ベッドにおもむろに横になり起き上がっていた活動家たちの姿が、今も目に浮かぶようだ。

熾烈な事例会議、そして打ち上げ

性売買女性たちのうち、一つの地域の同じ店で続けて「仕事」をする女性はほとんどいない。貸金業者と紹介業者等によって、何か月かの単位でほかの地域に売られていくのだ。というわけで、オンニたちが告訴されたり、あるいは告訴する場合、関係者たちは全国に散らばっていることが多く、一つの団体だけで支援するには力が足りなかった。オンニたちに何かあれば、全国の関係団体と連携して動かなければならない。すると、同じような店の関係者の名前が挙がってくる。

オンニたちが置かれている状況に迅速に対処するために、ソウル、全州、釜山の三か所の相談所が協力して連合事例会議を始めた。第一の目的はオンニたちの支援を円滑にするための情報共有、並びに協力と連帯であり、第二の目的は活動家たちのあいだの親睦を図るためだった。

私たちは、前払金事件に対する捜査機関の態度が少しずつ保守的になり、前払金詐欺として処罰されたり、前払金を返さなければならないオンニたちが増えているという内容の話から始めた。続いて店や店長からオンニたちを緊急救助した事例、国際人身売買事件と性売買女性が店長を相手に訴訟を進めた際の不当利得返還請求勝訴事例、未成年者性売買事件、インターネットを利用した性売買事件、「貧民窟」と「立ちんぼの女性たち」に対する公務員の消極的な支援、ソウルの発色照《パルセッチョ》コロキウム[8]の運営などについて討論し情報も共有した。

事例発表では、遊興酒店メンバーの債務は、店でそのメンバーと一緒に働いていた女性たちが保証人になったとしても、この連帯保証債務は無効だとの判決が出たという話もした。また、有名貯蓄銀行が女性たちが遊興施設で働いていることを知っていながら、前払金の性格を持つ資金の貸出をした場合、返さなくてもいいという「前払金性格貸し出し債

8　市民の観点から性売買予防並びに偏見を改めさせるための資料を開発するための討論会。

務無効判決」などについて、意見を交換した。各地域の活動家たちが同じような事例を共有するうちに、オンニたちが同じ貸金業者から被害を受けていたことが明らかになった。そこで会議で二回以上名前が挙がった貸金業者や紹介業者たちのリストを作って、法的な問題が起こった場合にそれぞれ助け合うことにした。そしてアウトリーチをする際に、店長たちの妨害行為、性売買事件を受理しようとしない捜査機関の態度、司法機関でオンニたちを被疑者と決めてかかり、前払金詐欺で起訴することに対し、一緒に行動しようと決議した。

事例会議の回数が重なるにつれて、毎回同じような形式で会議を進めるのはよそうという共通認識が生まれ始めた。ソウルでマグロの刺身を食べたあと、名残惜しい気持ちを抱きながら打ち上げの席を出てから、私は叫んだ。「次は巨済島《コジェド》で一泊二日の日程でやりましょう。交通手段と食事、宿泊施設は出たとこ勝負。そうやって決めましょう」と。釜山に戻る列車の中で、私はずっと活動家たちに言われ続けた。「誰が準備するの」と。私は「私が準備するわ」と答えたものの、活動家たちから「とんでもないこと言うんじゃない」となじられ、しばらく大騒ぎだった。

今は連合事例会議は中断され、各地域の事例を一つの場で共有することはできていない。しかしあの時一緒だった人たちと、地域の香りが濃く染みこんでいる郷土料理は、今でも私の心と体にそのまま残っている。

熱心に事例会議に参加していた活動家は、とある詩[9]に託して自身の気持ちを表した。

茶山《タサン》こと丁若鏞《チョンヤギョン》[10]先生が
詩を詠う仲間とともにつくった
竹欄詩社帖という同人誌の序文を見てみると、
「集いを開くのに、われらはこのように約束した。
杏の花が咲きはじめたら一度集まる
桃の花が咲きはじめたら一度集まる
夏の真っ盛りに真桑瓜が実りはじめたら一度集まる

9　ナ・ヘチョル詩集『長い愛』（文学と知性社、一九九五年）二九ページに収録。
10　丁若鏞（一七六二～一八三六）は朝鮮時代後期の儒学者で実学思想を集大成した。号は茶山。

秋が来て涼しくなったら　西池で蓮の花を
愛でるため一度集まる
年が暮れる頃に植木鉢に植えた梅が
花を咲かせたら一度集まる……」という詩句がある。
ちぇっ！詩を書く仲間たちよ
みな元気か
近くに杏の花も　桃の花も　真桑瓜の畑もないから
こうやって生きるしかないのだ
梅の花を愛でる代わりに　頼母子講にでも金をかけ
顔を見て　声を聞こう
竹欄詩社への舌打ちのような音
晩秋の雨降る窓外《そうがい》から聞こえてくる

（訳　五十嵐真希）

ハイヒールはいらない

ランニングとウォーキングには共通点がある。オンニたちが嫌っているということだ。オンニたちと活動家、サルリム会員が参加する「サルリム運動会」は、毎年五月に開かれた。運動が嫌いなオンニたちを誘うために、私たちは懸命に愛嬌を振りまき機嫌をとった。「オンニ、この日運動会をするけど、おいしい物を食べにきてください。オンニの好物もありますよ。のんびりと風に当たると気持ちいいじゃないですか。座っているだけでもいいですから。何もやらせないから。賞品もたくさんありますよ」。活動家たちの愉快で明るい甘言に騙されて、たくさんのオンニたちが集まった。

踵の高さが十センチくらいにもなるハイヒールを履いてきたオンニ、長いスカートを履いてバラの花がついたおしゃれな帽子をかぶってきたオンニ、肌が透けて見えるドレスを着てきたオンニなど、どう見ても運動会を舞踏会と勘違いしてやって来たようにしか思えなかった。彼女たちは日陰に群れをなして座り、ほかの人たちが競技しているのを眺めていた。私がニコニコ笑いながら「やってみたいでしょう？　一緒にやりましょうよ」と誘うと、癇癪を起して「暑いからやらない。やれと言うなら帰る」と言って、避け続けた。

ところが競技が進み賞品を手にする人が多くなると、参加するオンニたちの数が目に見えて増えていった。賞品に目がくらんだオンニたちは、運動靴も履かずに裸足で一人、二人とグラウンドに飛び入り始めた。十センチのハイヒールは運動場の隅に突き刺さり、肌が透けて見えるドレスは活動家のものになっていた。

本格的なゲームが始まった。飴食い競争は、飴を嘗めながら誰が顔に小麦粉をたくさんつけて出発点に戻るのかがミソだ。オンニの顔は、雪原と言ってもいいほど真っ白な小麦粉で覆われていた。賞品は一枚のハンカチに過ぎなかったけれど、それを手にするために全身を熱く燃やしていた。

靴飛ばし競争をする時は、靴を前方遠くに飛ばさなくてはいけないのに、サルリムの理事の一人が頭の後ろに飛ばしてしまった。後ろに座っていたオンニたちはびっくりして、素早く靴を避けた。「何、これ。当たって死ぬところだったじゃない」。慌てふためいてはいたが、事情が分かると爆笑した。

　次はぎらぎらと陽が照り付ける運動場で、立ち上がって後ろを振り返ったあとハグするゲームだ。互いに抱き合うだけで親しみが湧き気持ちがやわらぐので、来場者全員が参加できる唯一の種目だった。ゲームに熱中しすぎて、面白いからと離れようとしないオンニたちもいた。

　運動会のハイライトは当然リレーだ。懸命に走る参加者たちのひくひく動くお尻を見るだけで、笑いが込み上げてくる。足がつってバトンを渡すやすぐに倒れて、前を走る他チームの者を手で捕まえたり、追い越しながらお尻をぶつけるなど、最後まで笑いの絶えない明るい運動会だった。

　すべての競技が終わり、最後に活動家たちの得意芸が披露される。地位の上下を問わず階級章を取り外して、活動家全員が参加しなければならない。どこに出しても恥ずかしくない活動家たちのダンスの実力と、さまざまな小道具を駆使しての饗宴が続いた。オンニたちは、「サルリムの活動家たちは仕事もできるし、踊りも上手だし、よく遊ぶ、最高だ」

と、惜しみなく賛辞を送り、褒められていい気になった活動家たちは、情熱と高いテンションで一丸となってまとまった。

何年間か続いた運動会は、「歩くのもつらいのに、走るのはどんなに大変か」「ほかのことをしたらどう？　少しだけ体を動かせばいいものを」というオンニたちの提案で、散歩する程度のウォーキング大会に変わった。歩くのもつらいオンニたちが大勢参加できるよう、ウォーキングコースに細心の注意を払った。木がたくさんあり過ぎて果たして適しているか、道は緩やかか、道幅、歩く距離などを中心に三、四か所を選んで二日かけて事前調査を進めた。距離が長かったり傾斜があったり時間がかかったりすると、オンニたちの我慢は限界に達した。そして「騙された。一時間の距離だ、散歩道だと言っていたのに、登山道じゃない」などの不平不満の声が活動家たちの身に容赦なく降り注いだ。

ウォーキング大会の華は、もちろん宝探しだった。オンニたちは小学校の時の遠足を思い出すと言って、どっぷりと童心に浸った。歩いている時は不機嫌になってつらいと言っていたオンニたちだったが、宝探しが始まるとどんな場所も嫌がらない。明るく笑いながら競争心をたぎらせ、パンプスを履いたまま小高い丘の上を飛び回った。鷹のように正確な目とハヤブサのような素早さで見つけ出した。オンニたちは宝物を腕に抱えて、探し出せなかった参加者たちに分け与えた。ささやかな賞品であっても手に入れるために必死になっているオンニたちと共に、私たちは自然の中で心ゆくまで酔いしれた。

オンニたちの職業体験の対象になる

オンニたちが店を出たあと、職に就くために職業訓練教室に通って学んだことを実習する際、その練習台になるのは活動家たちだった。マッサージが得意だったオンニは、実習期間中、ほとんど毎日サルリムに出勤でもするかのように通っていた。ピーンと張ってつやつや輝いていた活動家の肌は、夜遅く出勤することが多く、緊急出動（救助要請があれば昼夜を問わない）があればいつでも出向いていたために、うるおいがなくなりかさかさになっていた。オンニはその時を逃さず、活動家たちを相手にマッサージの実習をし始めた。私たちは、「皮膚がぱさぱさしていたので、ちょうどよかった。でも、いくら実習だからと言って、ただでは申し訳ない」「一回当たり一人一万ウォンずつ出して、交通費の足しにでもしてもらおう」と話した。活動家たちは、かさつく肌を生き返らせてもらうと同時に、オンニに協力したいという純粋な気持ちから、喜んでモデルになった。「一万ウォンでこんな贅沢な思いができるなんて」と、考えてもいたのだ。マッサージするオンニの力の入れ具合とテクニックは本当に並外れていた。痛い所を押し続けられて、あまりの痛さに心の中で悲鳴を上げながらも、「痛くないです。何ともない。オンニの腕の力、すごいですね。じょうずですよ」と褒めまくった。本当に骨が折れるのじゃないかと思ったことがたびたびあった。このような過程を経て、オンニのマッサージの実力は少しずつ上達していった。

バレンタインデーに夫を事務所に招待した。「チョコレートの代わりにマッサージをプレゼントするね。マッサージで弾力のある肌になって記念写真を残そうよ」などと、甘い言葉で誘った。喜んで承諾した夫は退勤後事務所にやって来た。私たちはオンニの前に並んで横になり、マッサージしてもらった。この姿を活動家たちが写真に撮って、SNSで拡散した。私たちは瞬く間にスターダムにのし上がった。チョコレートの代わりにマッサージをプレゼントすると言った私は、夫から五万ウォンせしめて（?）オンニに渡した。悔しさを隠しきれない夫に活動家たちは、「やっぱり最高」といって持ち上げ、いい気になった夫は活動家たちに夕食までごちそうした。こうして活動家たちを練習台にしながら、オンニはマッサージ専門家に成長した。

サルリムの芸術家と呼ばれていたオンニもいた。自分の体ほどもある鞄（美容道具一式を入れた鞄）を抱えて、ネイルアートを学ぶため熱心に美容学校に通った。その学校に通い詰めていたころ、サルリムが引っ越した。活動家たちはおしゃれに無頓着で関心もなかった。事務室には机と椅子、本棚、キャビネットしかなく、相談室にもソファとテーブル以外には何もなかった。壁に掛かっているものも、ブラインドと扇風機がせいぜいのところだった。

ある日オンニが美容学校での授業を終えたあとやって来て、「何か物足りないねえ。絵があったらいいのに」と、壁に絵を描こうと提案した。以前からオンニの絵の実力を知っていた私たちは、「それはありがたい。楽しみにしている」と、口々に言った。オンニは相談室、書庫、会議室、果てはトイレにまでセンスのよい絵を描いた。サルリムにやって来る人はみな、絵に関心を持って尋ねた。「この絵、誰が描いたのですか。上手ですね」。誇らしさでいっぱいの私たちは、「オンニが描いたんですよ。本当に上手でしょう？　芸術家並みですよね。このオンニは何でも上手なんです」と、口々に自慢した。こんな時、私たちは自尊心がくすぐられて最高にうれしい思いをした。

その後も自分から進んで、あるいは否応なく練習台となった活動家たちは、体の一部の手入れをオンニたちに任せた。眉毛の入れ墨を習ったオンニに、片方の眉毛をぜんぶ剃られてしまうという目に遭った活動家もいた。まつ毛にマスカラを付けたところ、うまくいかなくて病院の世話になったり、わきの下を火傷した活動家もいた。

こんなことが起こると、二度とオンニたちの練習台にならないでおこうと思ってしまう。けれどもオンニから、「習ったことを実習してみたいけど、人がいない。どうすればいいの。人を探してほしい」と言われると、活動家たちは前に痛い目に遭ったことなどすっかり忘れて、自分の体の一部を差し出すことを厭わなかった。

おわりに

私は多情多感でしょっちゅう涙を流すほうだ。活動家からいびられるとすねたり、その人との関係が悪くなったりを繰り返した。そのたびに心の広い活動家たちは、「所長さんは忙しいから」とか、「分かったわ。それくらいにしておこう」と言って、私の味方をしてくれた。活動家たちのこのような愛情に甘えて、私はしばしば我を通した。人から気に入らないことを言われると、三年間覚えていてぐずぐず言い続ける「伝説のねちっこ女」だった。

私は二〇一六年末に、活動家たちの信頼と愛がいっぱい詰まっていた「サルリム」所長の役職から離れた。サルリムを始める時、十年だけ頑張ろうと考えていた。しかし十年目に入ろうとする年に、乳がんと診断された。心に余裕がないまま前だけを見て休むことなく走り続けた私は、思いがけず病気と向き合わなければならなくなった。ある人は「この仕事」のために病気になったのだから、「労災」申請をしようと言い、ある人は妊娠と出産を結びつけ、ある人は酒と結びつけた。けれども誰が何と言おうと、その病の原因は「私」だった。自分の体から送られてくる危険信号に気づかず、無視して放置しておいた私の不注意が招いた結果だった。

この病気にかかって、世の中で何よりも大切なものは自分なのだということ、家族と知人の大切さ、そして休むことと同時に周りを見回さなければならないことを悟った。それゆえ一番大切なものを守るために、サルリムから離れることを優先した。とはいえ、サルリムを始める時に激励し応援して支えてくれた人たちを無視するわけにはいかなかった。地域社会で女性、労働、人権、環境、南北統一問題など、さまざまな分野で活動していた人たちだった。その温かい心に少しでも応えようと、がんと闘いながら、釜山女性団体連合の代表を引き受けて三年間活動した。それから再出発のために私は、仲間と共に作ったサルリムから手を引き、一般人に戻った。

すべての職責から離れていくらも経たない二〇一七年一月一二日の明け方、ベッドから降りる時に足首を折るという重傷を負い、入院する羽目になった。見舞いに来たサルリムの所長は、「映画をたくさん入れておいたから、退屈な時にでも観て」と、ピンクのノートパソコンを置いていった。映画を何編か観て気が付いた。「あっ!! 記録を残せということなんだな。考えてはいたけど行動に移せないでいる私の思いを、彼女が読み取ったんだろうか？」

私はこの記録を通して、オンニたちと一緒に活動した日々を語りたかった。オンニたちの生を私の体験と結び付けて語りたかった。また、オンニたちの生が普通の人々より特別だとか、異常だとかではないこと、ごく普通の私たちの隣人なのだということを知らせたかった。そして、現場で世間の偏見と闘い、熾烈に自分の足で走り続けていた活動家たちの物語を、記録に残したかった。

記録する作業をしながら、文字の一つ一つ、文章の一つ一つに心が躍り、あの当時のあの事件とオンニたちを思い出して涙を流した。ふと感情が込み上げてきて、瞬間瞬間が映画のワンシーンのように思い出されたりした。その場面から抜け出せないでいる自分を発見した。それは癒すことのできない、私の中にとどまっていた私だけの傷だった。若い時に成し遂げられない困難さを「大丈夫、うまくやれる、うまくやれている」と、みずから慰めながら抑えつけてきたことが、心という監獄の奥深くに閉じ込められていた。記録をしたためながら、みずから閉じ込めていた監獄の中の自分を見つめていた。責任感、成功、失敗、挫折、自尊心、自己卑下、自己否定、抑制などの感情が、互いに絡まって私の心の中を占拠していた。この記録を書きながら、私の中にあるものに直接向き合い、それらとようやく和解することができた。

サルリムを創設する時、私は一貫した使命感を持っていた。性売買女性たちを店から救い出し、女性に対する抑圧を断ち切ろうと思っていたのだ。ところがそれは表面的で抽象的な考えに過ぎないと分かった。オンニたちに会えば会うほど、さまざまな事情を抱えた人生があることが分かり、それらが私の前で展開された。言葉にできない苦痛に見舞われた。オンニたちの人生を直接的・間接的に経験しながら、私は少しずつ小さくなっていった。彼女たちを性売買店から救い出すなどという傲慢な考えを打ち捨てた。人生には正解などなく、各自が身を置いている状況に応じて生きていくしかないのだと、身をもって知るようになった。

まったく異なる環境で生きてきた人びとが突然出会って、自分が生きてきた人生を語るということは、心を開放し時間を提供しなければならないということだ。それは私たちがどんな料理を作るのかを考え、食材の原産地と消費期限を確認し、それを買ってきて下ごしらえをし、焼いて炒めて味を調え、ご飯を炊くなどして、真心込めて準備した食卓でおいしい物を食べるように、細やかな過程と気遣いが必要である。こうした時間と気遣いが積み重なることで、信頼の気持ちが芽生えて不信感を払拭し、互いに向き合えるようになる。偶然の結びつきが必然の結びつきに変わり、時間が経っても記憶として残る。一緒にキムチを漬け、春と秋の遠足にも一緒に出かけ、互いの近況を尋ね合い、たとえ会えなくてもどこでどのように生きているのか、ふと思い出すオンニたち。多くの言葉を交わしたわけではないけれど、何とはなしにじんわりと伝わってくる香りと懐かしさがある。

社会が望むことよりオンニたちが望むことを探すように努力した。時には挫折も味わったが、諦めなかった。今でも同じだ。サルリムからは離れたけれど、私は依然として彼女たちに会っている。サルリムで仕事をしている時より、今のほうが気楽でいい。

今だから言える。「私だって（オンニたちの言葉と行動に）傷つきつらかった」、と。そう言うことで互いを理解することができるのだと思う。所長と相談者（性売買女性）としてではなく、一時代を生きている同志として。

監修者解説

金《キム》富子《プジャ》

本書は、韓国で二〇二〇年に出版された原題『玩月洞の女たち――生き残った人を活かす女性連帯の記録』の全訳である。タイトルにある玩月洞とは、釜山広域市西区草場洞・忠武洞一帯にあるが、地名としては存在せず、植民地時代の遊廓から一一〇年以上も続く有名な性売買集結地の俗称である。著者のチョン・キョンスクさんは、釜山の女性人権支援センター（当初は釜山性売買被害女性支援相談所）「サルリム」の創設者として、玩月洞の近くに事務所を構えて、性売買女性を支援する活動を行ってきた。サルリムは「生き残る／活かす／助ける」と「生活する」の意味を兼ね、前者には性売買女性を性産業構造と暴力から救い出し社会構成員として暮らしていけるよう共に行動しようという意思を、後者には私たちの日常を活かすという意味を込め活動家たちが名づけたという。また、性売買女性のことを、姉妹愛と親しみを込めて「オンニ」と呼んでいる。

著者チョンさんは、大学生時代に性売買への社会の視線に疑問をもち、大学院で女性学を学びつつ性売買問題への思索を深めたが、当事者と知り合うことはなかった。まず、釜山の性売買集結地の一つである海雲台六〇九近辺で、ＤＶや性暴力に関する相談所女性文化人権センターの創立メンバーとして活動するなか、性売買女性の相談を引き受け実情を知るようになった。そのうえで、二〇〇二年十一月、釜山で初めて「人権という観点から性売買女性たちを支援する独立した団体」として先述の相談所サルリムを創設して、常勤の活動家三人、釜山大学の学生などのボランティア活動家十人余りとともに、「熱意だけを武器に」活動を始めたのである（本書「はじめに」）。本書は、このサルリム結成前後から乳がんを患い二〇一六年末サルリム所長を退くまでの十四年間にわたる、活動家たちやオンニたちとともに歩んだ「女性連帯」の活動記録になっている。

性売買防止法とは

本書を読み進める際に、二〇〇四年に制定・施行された新法「性売買防止法」への理解は欠かせない。同法制定に至る経緯とその内容について、短く解説したい。

まず、旧法である「淪落行為等防止法」（淪防法）は、朴正煕が軍事クーデターで政権を握った一九六一年に制定された。そのモデルは日本の「売春防止法」（売防法、一九五六年制定、一九五八年全面施行）とされる。前者は「淪落行為とその相手方」になる（第4条）ことを、後者は「売春とその相手方」になる（第3条）ことを禁ずる等、その他の条項も似ている。さらに韓国では、一九六二年に全国一〇四ヶ所を特定区域に指定し性売買女性をここに移すという政策が行われた。その多くが京畿道やソウルにある米軍基地周辺の基地村だが、釜山の玩月洞も含まれる（これら特定地域は二〇〇〇年代に性売買集結地と呼ばれた）。その後は韓国の経済発展に伴い、こうした集結地（専業型）以上に遊興酒店やルームサロンなど産業型（兼業型）の性産業が栄えていく。淪防法は一九九五年、買春者の処罰を明示するよう改正されたが、実質的な処罰はまったく行われなかった。

これに対し新法である「性売買防止法」は、①「性売買斡旋等行為の処罰に関する法律」（処罰法）、②「性売買の防止及び被害者保護等に関する法律」（防止法）から成る。この二法のうち、①は法務部（日本の法務省にあたる）が担当し、性売買をする者や性売買「斡旋、勧誘、誘引」者だけでなく、建物・土地の所有者、金融業者、観光業者も処罰の対象となる。②は女性家族部が担当し、国家が性売買女性たちの「保護、被害回復及び自立・自活を支援」することを可能にした。また集結地の閉鎖も目的にしている。

なぜ新法「性売買防止法」ができたのか。一つは、一九八七年に実現した韓国の民主化により、女性運動が活発化したことだ。フェミニストたちは一九九〇年代後半に、道徳的堕落を意味する「淪落」、日本由来で売る側の女性を問題にする「売春」などの用語を再検討して、性産業における買春者と斡旋業者の取引の側面を浮上させるために「性売買」という新語を作った。この用語が二〇〇〇年代に法律名として使われ、いまや韓国社会で一般化した。現在の女性運動では「性搾取」もよく使われている。

もう一つは、本書に出てきたように、二〇〇〇年群山大明洞、二〇〇一年釜山玩月洞、二〇〇二年群山開福洞の性売買店から火災が発生して、性売買女性たちが監禁状態で多数死亡した事故が相次いで起こったことだ。女性たちが前払金で縛られ性売買を強いられるという現実を突きつけられた女性運動は、新法制定運動に立ち上がった。

韓国の女性運動は新法を制定するにあたり各国の法制度を研究したが、草案でモデルにしたのが一九九九年に施行されたばかりのスウェーデンの買春罪（性的サービス購入罪。以下、北欧モデル）だった。北欧モデルは、性売買を女性に対する暴力ととらえ、買春者と性売買斡旋業者を処罰するが、すべての性売買女性を処罰せず（＝非犯罪化）、支援するプログラムを提供するというものだ（その理論的背景はキャスリン・バリー『セクシュアリティの性売買』井上太一訳、人文書院、1995＝2024、参照）。その後、北欧モデルはノルウェー、アイスランド、カナダ、北アイルランド、フランス、アイルランド共和国、イスラエル、米国ハワイ州などに広がった。

女性運動は新法に北欧モデルを取り入れるよう尽力したが、国会審議の過程で「処罰法」が女性も含めた性売買関連者すべてを処罰する禁止主義に換骨奪胎されてしまった。そのため、「性売買被害者」に限定して、処罰を猶予して支援する「防止法」が新しく成立することになった。

それでも、「家父長的な市場論理」（論防法）から「人権の観点」（防止法）へとパラダイム・シフトが起きたことは重要だ。論防法は、男性優位な市場での自由な取引という名のもと女性個人の選択・責任とされ、その「供給」を遮断しようとする意図でつくられた（日本の売防法は家父長的な市場論理の段階といえる）。これに対し性売買防止法は、女性の人権の視点から、性売買は脆弱な人に対する搾取であり、これをなくすのは国家の責任だとして「性売買女性への支援」とともに、買春「需要」を遮断すべきとして「買春」処罰を規定した（売防法に買春処罰の条項はない）。また、三年ごとに買春を含む性売買実態調査が実施され、性売買予防教育が小・中・高校を含む国家機関等で義務化された（年一回ほど実施）。

しかし新法には限界があった。まず、買春処罰は法文上、罰金または懲役となっているが、運用では懲役になる者はほとんどおらず、罰金か条件付き起訴猶予となっており、買春男性に対する再犯防止教育（本書第三章に登場する別名ジョン・スクール）が行われる。嫌疑なしも増えたと言う。次に、性売買女性を行為者／被害者の二つにわけ、前者を処罰することだ。法の制定当初、検察・警察による性売買捜査専門チームが新設され女性たちが処罰されないよう努めたが、二〇〇七年に解体された。性売買女性は行為者とみなされ処罰されるのを恐れ、店主と買春者を訴えることも難しくなった（本書「日本語版に寄せて」）。女性運動は「すべての性売買女性の非犯罪化」を求める処罰法改正運動を行ってきたが、実現していない（二〇二二年三月、「性売買処罰法改正連帯」が発足した）。

ともあれ新法によって、性売買女性への国家的な支援政策が始まった。それを主に担ったのは、「性売買問題解決のための全国連帯」（二〇〇四年結成）と各地の構成団体だ。サルリムもその一つだ。さらに重要なのは、法と運動を背景に各地で脱性売買を果たした女性たちが自発的に集まり「性売買経験当事者ネットワーク・ムンチ」（二〇〇六年結成、ムンチは団結の意）を結成して当事者活動家となり、活動家とともに反性売買女性人権運動を担ったことだ。本書第三章に出てくる釜山のナリナッティもムンチの構成団体だ。

サルリムと玩月洞

サルリムは、性売買防止法が制定される二年前から運動を始めた。そのため本書は、同法を前後してサルリムと玩月洞のオンニたちとの関係がどのように変化したのか、どのようにオンニたちとの信頼関係を築いていったのか、さらにオンニたちが玩月洞にいた時やサルリムの後押しで性売買を抜け出す過程とその後のさまざまに個性的で等身大な姿、その一方で直接受け取る月給がないのに借金漬けになっていく性売買店での搾取のしくみ、女性を拘束し人身売買に悪用される前払金、妨害・脅迫・乱暴をいとわない店主たちとの対峙、捕まっても懲りない買春者の様子、「中立」を装う警察への対応、公正に捜査する検事や買春する検事、脱性売買後も続くトラウマや社会の「烙印」への女性たちの苦痛と闘いなどを豊富なエピソードから描き出している点で、稀有な活動の記録となっている。その活動の真髄は、「社会が望むことよりオンニたちが望むことを探すように努力した」(「おわりに」)ところにある。

なかでも読みどころは、第一章で語られる、玩月洞の店長たちに妨害されようと黙々とオンニたちに必要な情報と物品を届けるというアウトリーチの基本原則を決めるまでの修羅場、性病検診のための保健所で配った「前払金無効」ステッカーや冊子をきっかけにオンニたちとの関わり合いが始まり、シムト(シェルター)や自活支援センターをつくり支援体制を整えるまでの悪戦苦闘だ。また、第二章で語られる性売買防止法施行後に生じた大きな変化も興味深い。玩月洞の自治組織「解語花」のオンニたちが生存権を要求してサルリムを突然訪問して、緊迫した対話を交わしたところから新しい関係が始まった。サルリムが性売買店に自由に出入りし個人的にオンニたちと会えるようになると、救助要請の匿名メールが来て解決のため奔走した。こうしてオンニたちと昼夜を分たず会い続けたことにより、信頼を重ね「友好的な雰囲気」がつくられていった。

さらに第三章では、日常生活を立て直し脱性売買を果たした女性が当事者活動家になりトラウマに苦しみながらもナリナッティを立ち上げて同志となるまで、第四章では、貸与金を装った前払金をめぐって被害女性たちが某銀行を訴えた民事訴訟で「前払金性格貸し出し債務無効」の判決を勝ち取ったことも、貴重な実践記録だ。本書を通じて、オンニたちの飾らない素顔に出会えるのはもちろん、サルリムが性売買を脱したい女性だけでなく、いま性売買をしている女性の求めに応えて、試行錯誤しながら支援活動をしてきたことがわかるだろう。

こうした本来の活動以外に、玩月洞文化祭「オンニ、遊ぼう」の挫折と性売買防止法一周年記念文化祭（二〇〇五年）の盛況、オンニたち自ら生を綴った『あんたたちは春を買ってているけど、私たちは冬を売っている』の刊行（二〇〇六年）、ドキュメンタリー『オンニ』の制作（二〇〇七年）、当事者おしゃべり大会「うるさい！　話を聞け」の開催（二〇一二年）、釜山のアーティストとともに芸術と女性の人権という視点から玩月洞に光を当てた「玩生」プロジェクト（二〇一五年）など、多彩な文化活動の記録も含まれる（第二章・第三章）。

さて、二〇二〇年代に入って日本では、韓国の性売買に関する重要な著作が次々と翻訳・出版された。次の三冊をあげよう。まず、大邱の性売買集結地チャガルマダンで性売買女性の支援活動をしてきたシンパク・ジニョン著『性売買のブラックホール――韓国の現場から当事者女性とともに打ち破る』（金富子監訳、大畑正姫・萩原恵美訳、小野沢あかね・仁藤夢乃解説、ころから、2022年）だ。次に、性売買経験当事者ネットワーク・ムンチ著『無限発話――買われた私たちが語る性売買の現場』（萩原恵美訳、金富子監修、小野沢あかね解説、梨の木舎、2023年）、三つ目は、同じくムンチのメンバーであるポムナル著『道一つ越えたら崖っぷち――性売買という搾取と暴力から生きのびた性売買経験当事者の手記』（古橋綾訳、李美淑監修、アジュマブックス、2022年）である。後二者はどちらも当事者女性がムンチでの話し合いを通じて過去の性売買経験に向き合った内容だが、前者は複数のメンバーが、後者は一人の経験が語られている。共通するのは、当時は「仕事」だと思わされてきた性売買が、脱性売買を果たした視点から「再解釈」すると、搾取と暴力にほかならなかったと語っていることだ。

このうち本書と比肩できるのは、同じ現場活動家が記したシンパク『性売買のブラックホール』であろう。シンパクさんが韓国の現場を知る立場から韓国の過去と現在、世界（ドイツ、オランダ、日本など）の性売買の実態、斡旋業者や買春者の言動と背景についてフェミニスト視点で普遍的に省察したとするならば、チョンさんは釜山の玩月洞を拠点に繰り広げられた反性売買女性運動の軌跡、活動家とオンニとの一筋縄ではいかない関係性とその変化、店主たちの狡猾な搾取と統制の手口、警察との論争などを活動家目線でドキュメンタリーのような臨場感をもって率直に再現している。本書はもちろん、これらの著作も合わせて読むと、韓国の性売買の現実が他人事ではないことに気づくに違いない。

玩月洞と日本

なぜなら、玩月洞に象徴される性売買集結地の歴史や搾取のしくみに日本が刻印されているからだ。そもそも朝鮮には存在しなかった公娼制を持ち込んだのが、近代日本だった。日朝修好条規（一八七六年）後、最初の開港地となった釜山は、一八八〇年前後に日本式公娼制が最初に上陸した地であるとともに、初めて遊廓がつくられた地でもあった。一九〇二年、釜山の日本人居留地の外郭である佐須土原に釜山初で朝鮮初の遊廓が出現したのだ（現在の富平洞市場付近）。ここが手狭になり、当局は峨嵋山ふもとの緑町を遊廓地域に選んで移転を命じ、一九一二年に「緑町遊廓」と命名した。朝鮮総督府は、一九一六年三月に全道統一的な「貸座敷娼妓取締規則」を制定・施行し、日本と同じ「貸座敷」「娼妓」という呼称を使いつつ、日本より娼妓の待遇が劣悪な植民地公娼制を確立した。同年六月、慶尚南道警務部「貸座敷娼妓取締規則」第3条により、釜山の貸座敷営業地域として緑町、草梁、牧の島（洲岬と瀛仙町の二か所）の四か所が指定された。釜山の芸娼妓も買春客もほぼ日本人だったが、やがて朝鮮人業者・娼妓も増えていく。

このうち緑町遊廓は、釜山だけでなく植民地朝鮮を代表する一大遊廓だった。植民地解放後に玩月洞に名前を変え、性売買業態が引き継がれた。本書第二章には、「朝鮮半島最初の遊廓」があった玩月洞が、一九八〇年代前後には「東洋最大の私娼街」と目され、「外賓接待用」として「大繁盛」「巨大化」した歴史が記されている。「外賓」、つまり外国人観光客とは米軍人、そして「団体観光旅行」で訪れる日本人だった。日本人男性によるキーセン買春観光が国際問題になった頃だ。また、本書に頻出する前払金のルーツも植民地公娼制下の前借金にある。現在も韓国の性売買業態は、日本のそれやＡＶに大きく影響されている。

こうした歴史に関連して、解説者が日韓の性売買に関する共同研究（代表：小野沢あかね立教大学教授）のため釜山のサルリムを訪問したのは、二〇一八年のことだった。ピョン・ジョンヒ所長（当時）や活動家の皆さんが釜山の性売買の歴史や現状、サルリムの活動に関する詳しいレクチャーをしつつ、玩月洞の案内をしてくれた。実は、二〇〇〇年代半ばに研究者仲間と玩月洞を踏査し業者に追いかけられ怖い思いをし、その後も何度かタクシーなどを使って玩月洞を通り過ぎたりした。しかし、ピョン所長たちが昼間、玩月洞を案内してくれた時はさまざまな発見があった。玩月洞に入る道がS字に曲がるところに（東京の吉原と同じく）日本式遊廓独特の痕跡がみてとれたこと、日本式家屋が残っていたこと、日本語の看板を掲げた日本人向けと推察できる性売買店があったことなどだ。実際に玩月洞を訪れる日本人買春客は少なくないという。他地域の性売買集結地に比べて大型で近代的なビルが多いのも印象的だった。また、玩月洞の最盛期は一九八〇年代であり、性売買防止法後に性売買店が急減したが、その後は横ばい状態という話だった。

この時点でサルリムは、活動家二十三人を抱えるほどに成長し、緊急救助、カウンセリングと医療・法律支援を行う相談所、安全を確保するためのシムト、生活再建と社会とつなぐ自活支援センター、グループホームという性売買女性支援システムを整えていた（巻末サルリム沿革参照。なお翌年ピョンさんたちを日本に招聘しシンポジウムを開催した）。

その後サルリムを何度か訪問したが、噂に聞くチョンさんに会うことはなかった。チョンさんにようやく会えたのは、二〇二二年十二月に学生たちともに釜山の植民地遊廓跡地を踏査しサルリムを訪れた時だった。翌年、玩月洞記録研究所をつくった彼女から植民地時代の遊廓に関する日本語新聞の監訳依頼を受け、やりとりをしたりした。そうした経緯があったので、本書の監修と解説を引き受けることになったのは光栄である。

本書によると、玩月洞の「玩」は弄ぶ、「月」は女性を意味する隠喩表現であるため、「女性を手にして遊ぶ」という意味だという。日本の「遊廓」という用語に通じる男性目線の用語である。まさに「誰かにとってはパラダイスだったが、誰かにとっては強大な肉体的、精神的監獄だった」のだ。この玩月洞が現在、「性売買集結地自活支援条例」をめぐって揺れている。自らの主導による再開発をもくろむ玩月洞の事業主VS性売買女性の自活対策をめざすサルリムを含む女性団体の攻防が繰り広げられてきたが、二〇二四年現在は足踏み状態であり、多くの女性がサルリムの支援を受けて住居や生計費を工面しているという(前述のピョンさんの話)。なお、これまで幾つもの性売買集結地が再開発などによって閉鎖された。その場合、二〇一九年に閉鎖された大邱の性売買集結地チャガルマダンのケースのように、閉鎖前に女性運動による当該自治体への働きかけで「自活支援条例」が制定され、性売買女性に一定期間、住居費や生計費を支援する事例が少なくない。

ひるがえって日本では、売防法で処罰の対象とされる斡旋業者が「風営法」という別の法律で半ば公然と営業している。しかも売防法では売る側が売春の相手方になるよう勧誘すると処罰されうるが、買う側はいっさい処罰されない。買う男性に寛容で、買われる女性に厳しい「買春大国」なのだ。韓国もまだまだ事情は同じだ。こうした社会の現実を変えるために性売買女性たちの横に立って奮闘してきた著者のチョン・キョンスクさん、卓越した翻訳力をもつ訳者の中野宣子さんを得た本書が、日本社会で広く読まれ参照されることを願ってやまない。

訳者あとがき

釜山の一角に、東洋最大規模と言われる性売買集結地だった玩月洞（玩月洞の「玩」は弄ぶ、所有して遊ぶ、「月」は女性を象徴する隠喩的な表現で、「女性を手にして遊ぶ」という意味）という地域がある。ここは朝鮮半島で最初の日本式遊廓があったところで、日本の植民地時代には「緑町遊廓」と呼ばれていた。本書『玩月洞の女たち（原題「완월동 여자들」）』は、その玩月洞で、著者のチョン・キョンスクが中心となって開いた「女性人権支援センター　サルリム」の活動家たちと、性売買に携わる女性たちが反発し合いながらも心を通わせていく記録である。原著は二〇二〇年に初版が発行され、本書は翌二〇二一年発行の第三刷りをもとに邦訳している。

この翻訳の話をいただいたとき、まず私の頭に浮かんだのは、二〇二三年に梨の木舎から出された『無限発話――買われた私たちが語る性売買の現場』（性売買経験当事者ネットワーク・ムンチ著、萩原恵美訳、金富子監修、小野沢あかね解説）という本のことである。これは、韓国の性売買経験当事者ネットワーク・ムンチのメンバーが、自ら経験した性売買の現場について語ったもので、私は、女性の人権がないがしろにされている苛酷な現実に怒りを覚えるとともに、当事者たちの苦しみ、つらさにひどく胸を痛めながら読み進めたのだった。そんなことがあったから、本書『玩月洞の女たち』についても同じように想い、翻訳しているあいだ、ずっと苦しい思いをし続けなければならないだろうなと想像して、ためらいを感じたのである。

しかし原著を読んでみて、ここでも性売買の現場で起こっていることのあまりの理不尽さと、女性をモノ扱いする性売買関係者に激しい憤りを覚えたが、それだけでなく、ここではわが身を顧みず現場の女性たちに向き合い、関係者や警察などの公権力に立ち向かう活動家の勇気ある姿も描かれていて、私はそれにとても感銘を受けた。それで、これはぜひ日本に紹介したいと思い、翻訳を決意するに至ったのである。

この玩月洞は日本によって作られた遊廓に起源があり、ここでは日本での性売買のやり方がそのまま踏襲されていた。その歴史を思うと、日本にいる私たちにとってもこの話は無関係ではない。この地域は今では釜山市の再開発によって消滅し、二〇一九年にはオンニたちが自立できる道を開く条例が釜山市議会で可決された。このように、韓国では自活支援システムが少しずつ整いつつある。他方で日本に目を向けると、行き場のない若い女性を支える活動を行っているColaboが、心ない者たちによる数々の妨害に遭い、行政もその妨害者たちを野放しにしているだけでなく、それを支持する者たちが大勢いるという情けない現状がある。こうした日本の現状を何とかしたいと考えている方々をはじめ、多くの皆さまに、サルリムの活動家たちの血と涙の物語、『玩月洞の女たち』をぜひ読んでもらいたいと思う。

さて本書の表表紙と裏表紙、そして各章の節に付された小見出しのイラストについては、本書の内容を凝縮したものと言えるので説明しておきたい。裏表紙の周囲の写真はオンニたちがいた玩月洞の光景で、右下にはベッドの上に置かれた雑多なものが写っている。オンニたちはこの部屋で生活し、「仕事」もしていたのである。このベッドの上の様子は表紙にも添えられている。左下から出している活動家の手を右上からオンニの手がつかもうとしているイラストで、オンニの手に透けて写っているのが、それである。また小見出しの上に描かれた輿のような絵は、ミス部屋／ガラス部屋と言われている部屋のガラス窓のイラストで、女性たちはこのような場に閉じ込められ晒し者にされているのだ。それがここでは翻って、そこにいる女性たちの視線が、本書を読む者の姿勢を問うているのである。

訳出に当たり、本書に先立って邦訳出版された『性売買のブラックホール』と『無限発話』を参考にし、そのまま使わせてもらっている用語もいくつかある（本文参照）。この二冊がなければ翻訳に苦労しただろう思うと、関係者に感謝してもし足りないくらいだ。その関係者のおひとりである金富子さんには解説まで書いていただいている。この解説によって本書の理解がより深まるに違いない。そして本書との出逢いを作り、内容にまで立ち入ってアドバイスをくださった李昤京さん、丁若鏞の『竹欄詩社帖』を引用した箇所を味わい深い詩に訳してくださった五十嵐真希さん、ありがとうございました。何よりも貴重な写真を提供してくださっただけでなく、訳者の質問に韓国での現状を交えて説明してくださった著者のチョン・キョンスクさん、版元現代人文社の李晋煥さんに感謝いたします。

二〇二五年冬　中野宣子

「サルリム」沿革

二〇〇二年一一月二一日	釜山性売買被害女性支援相談所「サルリム」創立
二〇〇三年	女性家族部共同協力事業釜山地域性売買実態調査実施
	性売買被害女性が初めて証言
二〇〇四年一月	社会福祉共同募金会支援事業付設「サルリム」シムト開院
九月	性売買防止法施行
一〇月	釜山玩月洞の性売買女性ほか、生存権保障を求める集会開催
一一月	釜山玩月洞地域が集結地模範事業地域に選定される
一二月	釜山地域産業型性売買地域アウトリーチサービス報告書「オンニたちに飛ばしたラブレター」制作
二〇〇五年一月	（社団法人、以下、㈳と略す）性売買被害女性支援センター「サルリム」、法人創立総会
二〇〇五年七月	㈳性売買被害女性支援センター「サルリム」、法人設立が許可される
八月	㈳女性人権支援センター「サルリム」シムト　定員一二名で認可
一〇月	性売買防止法一周年記念文化祭「Q＆A」開催
一二月	㈳性売買被害女性支援センター「サルリム」シムト（＝シェルター）設置を届け出る
二〇〇六年六月	釜山草梁テキサスでのアウトリーチ及び外国人女性の相談を実施
八月	「㈳性売買被害女性支援センター『サルリム』」として社団法人に正式登録される
	性売買被害女性の手記集、『あんたたちは春を買っているけど、私たちは冬を売っている』出版
一〇月	性売買防止法二周年記念文化行事「性売買！風と共に去りぬ」開催
一一月	女性部との共同協力事業映像プロジェクト、ドキュメンタリー「オンニ」を制作

二〇〇七年八月　社団法人の名称を女性人権支援センター「サルリム」に変更

二〇〇七年十月　性売買防止法施行三周年記念国際シンポジウム「海外の性売買の現実と反性売買運動のための国際連帯方案模索」主幹

第十二回釜山国際映画祭でドキュメンタリー「オンニ」を公式上映

十一月　釜山広域市庁舎で「性売買のないクリーンな釜山　写真展」開催

二〇〇八年　釜山性売買集結地玩月洞閉鎖のための討論会開催

釜山集結地自活支援事業白書発刊

韓国文化芸術振興会工芸芸術大典 トピアリー特別賞受賞

二〇〇九年　性売買被害当事者の会　総会

二〇一二年　サバイバーおしゃべり大会「うるさい！　話を聞け」実施

当事者運動の会「ナリナッテイ」創立総会

サルリム十周年記念「サルリム十年」ダイアリー制作

八月　＊森の中の学校『書きなぐる女たちは言う、言い放つ』発刊

二〇一二年〜二〇一三年　「女性家族部共同協力事業　オーストラリアプロジェクト」実施

二〇一五年　再度玩月洞を考える市民社会ネットワーク結成及び事例会議実施

釜山広域市女性発展基金事業「玩生プロジェクト」実施

二〇一七年一月　「サルリム」相談所施設長変更

二〇一九年　玩月洞閉鎖及び公益開発推進のための市民社会対策委発足

二〇二一年　玩月記録研究所開所

国家人権委員会人権団体共同協力事業――「玩月洞」を問う　釜山型女性人権教育現場造成のための「玩月洞」オンライン人権展示会開催及びアーカイブ構築プロジェクト実施

二〇二二年　サルリム創立二十周年記念『よみがえる女たち』発刊

二〇二三年

釜山人権プラットホーム瑠璃色、性売買経験当事者の会「性売買経験の再解釈と書くことを通した自己治癒」

（原著者が作成したものを日本語訳）

*「サルリム」で運営する付設機関に、性売買女性たちの生長、自立、治癒を手助けするために活動する自活支援センターがあり、その名称を「森」（金《スプ》）という。そこでのプログラムの一つが「森の中の学校」で、当事者たちが文章を書くというもの。その活動の結果、『書きなぐる女たちは言う、言い放つ』が発刊された。

◎著者紹介

チョン・キョンスク

韓国釜山の女性人権支援センター「サルリム」初代所長。慶尚南道巨済島《キョンサンナムドコジェド》で五女一男の末っ子として生まれる。二十代の頃は生きる道を探して迷い続けたが、二十代後半に女性学に出会ったことで、その後、釜山で性暴力、DV、性売買の分野で現場活動家として働くようになった。この経験をもとに同僚たちとともに、玩月洞性売買集結地の近くに「サルリム」を設立し、初代所長をつとめた。性売買の現場に飛び込み、性売買女性の信頼を得ながら支援する活動に全力を注いできた。性売買女性たちの生を記録した書籍『あんたたちは春を買っているけど、私たちは冬を売っている』や、ドキュメンタリー映画『オンニ』の制作にかかわった。釜山女性団体連合代表、釜山地方裁判所青少年和解勧告委員としても活動するかたわら、大学で女性学および社会福祉学を講義するなど、多方面にわたって活躍した。現在、釜山広域市女性暴力防止総合支援センター（E-Gen= Equality Gender）センター長、釜山国際映画祭非常任理事を務めている。

◎監修・解説紹介

金富子（キム・プジャ）

植民地朝鮮／現代韓国ジェンダー史研究。東京外国語大学名誉教授。共著『植民地遊廓——日本の軍隊と朝鮮半島』（吉川弘文館、二〇一八年）、共編著『性暴力被害を聴く——「慰安婦」から現代の性搾取へ』（岩波書店、二〇二〇年）、監訳『性売買のブラックホール——韓国の現場から当事者女性とともに打ち破る』（ころから、二〇二二年）、監修『無限発話——買われた私たちが語る性売買の現場』（梨の木舎、二〇二三年）ほか。

◎訳者紹介

中野宣子（なかの・のりこ）

韓国語・朝鮮語翻訳者、講師。一九八七年六月から八八年八月まで韓国延世大学校韓国語学堂に語学留学。訳書に、朴婉緒『結婚』（學藝書林）、ヤン・グィジャ『ソウル・スケッチブック』（木犀社）、権仁淑『母から娘へ——ジェンダーの話をしよう』（梨の木舎）、キム・タククワン『愛より残酷——ロシアン珈琲』（かんよう出版）、権赫泰・車承棋編『〈戦後〉の誕生』（新泉社）、キム・スム『Lの運動靴』（アストラハウス）、イ・チャンドン『鹿川は糞に塗れて』（アストラハウス）、共訳書にキム・ジハ『飯・活人』（御茶の水書房）、金賢珠他編『朝鮮の女性（1392―1945）――身体、言語、心性』（クオン）、金孝淳『祖国が棄てた人びと――在日韓国人留学生スパイ事件の記録』（明石書店）、韓国挺身隊問題対策協議会・2000年女性国際戦犯法廷証言チーム『記憶で書き直す歴史――「慰安婦」サバイバーの語りを聴く』（岩波書店）、黄皙暎『囚人［黄皙暎自伝］Ⅰ、Ⅱ』（明石書店）がある。

玩月洞《ワノルドン》の女たち

韓国の性売買サバイバーとともに歩んだ女性連帯の記録

2025年３月21日　第１版第１刷発行

著　者　チョン・キョンスク
監修・解説　金富子
訳　者　中野宣子
発行人　成澤壽信
編集人　李晋煥
発行所　株式会社 現代人文社
〒160-0004　東京都新宿区四谷２−10八ツ橋ビル７階
Tel: 03-5379-0307　Fax: 03-5379-5388
Web: www.genjin.jp
発売所　株式会社 大学図書
印刷所　株式会社 平河工業社
装　幀　Malpu Design（佐野 佳子）

検印省略　Printed in JAPAN
ISBN978-4-87798-877-7　C0036